二つの祖国を生きて 恵子と明子

中国残留孤児と日本の近現代

向井嘉之

能登印刷出版部

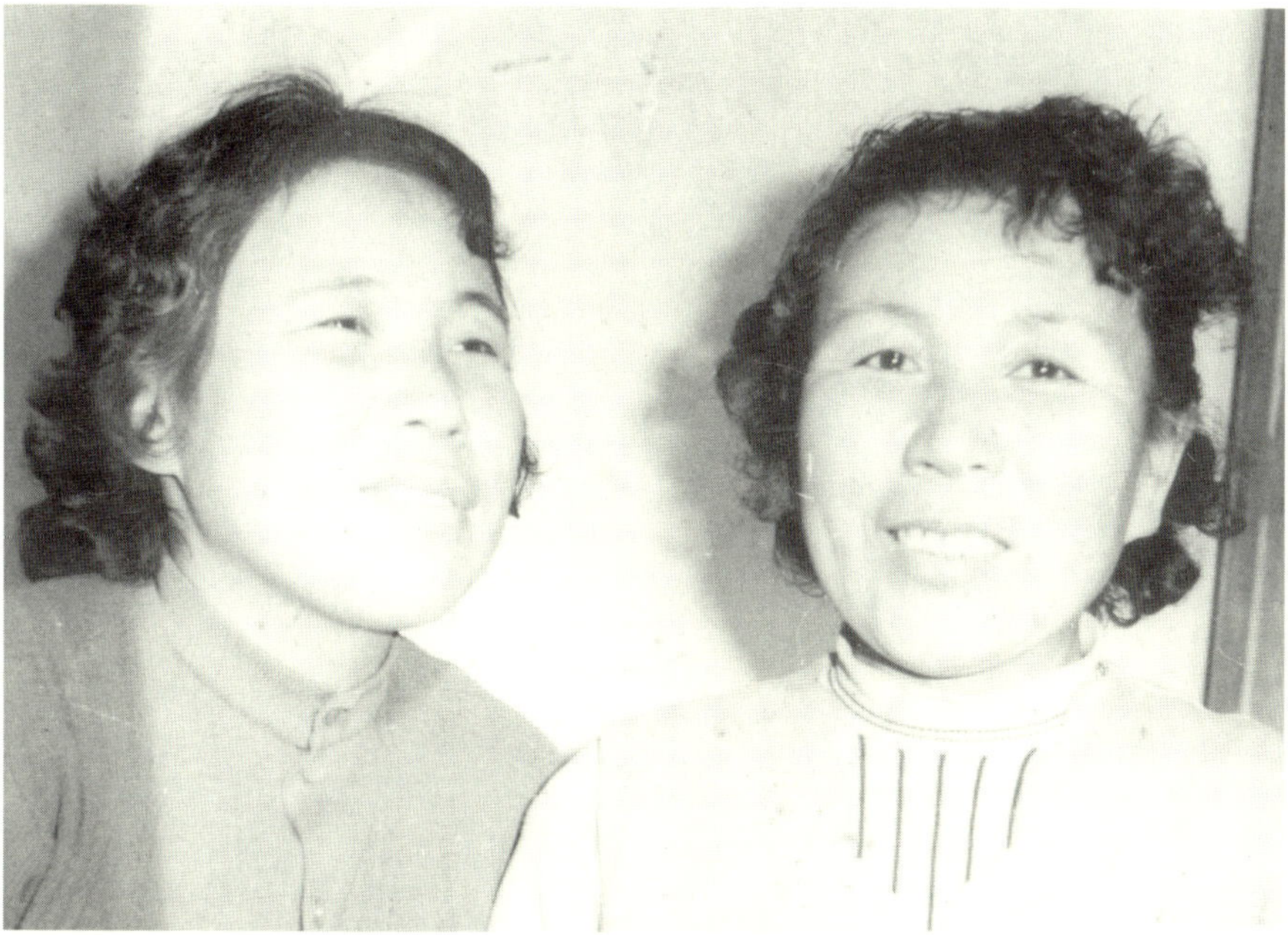

1998（平成10）年永住帰国　宮明子、1996（平成８）年永住帰国　宮恵子

母・豊子とともに　右が恵子、左が明子、中央が知子　1944（昭和19）年、満州にて

恵子・明子の家族　中央が恵子、その左後ろが明子　2003（平成15）年、東京にて

はじめに

向井嘉之

北朝鮮に近い中朝国境、中国・延辺《えんぺん》朝鮮族自治州の州都、延吉《えんきち》に着いたのが、夕暮れ五時頃だったと思う。列車のステップを降りると、薄暮の中から淡紅色に浮かび上がる花々が目に飛び込んできた。通訳氏に「桜ですか」となにげなく尋ねると「杏子《あんず》ですよ」とそっけない答が返ってきた。

延吉は、日本が第二次世界大戦において敗戦の運命にあった際、満州において、病気・飢餓・強姦などという戦争の悲惨さをいやというほど味わわされた街である。

今から、三〇数年前になる。筆者は放送局の一記者として、いわゆる中国残留孤児の取材を始めていた。中国残留孤児

杏子

という呼び方には、今もって抵抗があるが、「望郷の棄民」とでも言うべきだろうか。

旧満州、今の中国東北地区は、第二次大戦の終わり間際、一九四五（昭和二〇）年八月九日、ソ連軍により圧倒的な蹂躙《じゅうりん》を受ける。満州の悲劇が始まったのだ。日本国内では、長崎にこの日、二発目の原爆が投下された。

戦後三九年を経た一九八四（昭和五九）年、数々の受難を経て、満州から富山県小矢部市松沢地区（旧松沢村）に一人の中国残留孤児が故郷《ふるさと》への一時帰国を果たした。その人が宮恵子（中国名・李桂淑《りけいしゅく》）であった。

恵子は同年の第六次訪日調査で宮恵子と判明、中国・黒龍江省寧安県英山村《こくりゅうこうしょうねいあんけんえいざんむら》からようやく生まれ故郷に一時帰国した。

それから三年後、一九八七（昭和六二）年五月、恵子の妹・明子（中国名・張姫淑《ちょうきしゅく》）が中国・吉林省《きつりんしょう》図們市《ともんし》から長男を伴って同じく一時帰国を果たす。

一九九五（平成七）年、筆者はこの二人を通して戦争に血塗られた日本近現代史の波乱を記録したいと思い中国に入った。当時は数々の規制の中で、現地取材の許可が下りず、三度にわたって取材申請をするはめになった。

一九九七（平成九）年六月、ようやく中国政府から恵子がかつて暮らしていた英山村や明子の住む図們市の取材許可が下りた。

この取材を終えて、筆者は同じ年の八月、日中国交正常化二五周年、北日本放送開局四五周年記念番組として『祖国よ、故郷よ、百年の心』のタイトルで特別番組を制作した。

一九九六（平成八）年、宮恵子、祖国日本へ永住帰国、そして一九九八（平成一〇）年、宮明子も日本で生きたいと永住帰国を果たした。筆者が北日本放送で番組を制作したのは二人の永住帰国の中間年である。その後も今日まで、恵子・明子姉妹と長いおつき合いをさせていただき、姉妹の故郷である富山県小矢部市の宮家の方々とも懇意にさせていただいている。筆者は北日本放送を退職後、二〇〇五（平成一七）年四月から、滋賀県の聖泉大学人間学部において、「メディア論」を担当し、主にジャーナリズムについて、若い学生たちに講義する機会を得た。こうした授業を通じて「戦争とジャーナリズム」という視点で、中国残留孤児問題を取り上げることがあったが、学生諸君には残留孤児という言葉自体にほとんど理解がなく、残留孤児がなぜ発生したのかという歴史の背景については全くといっていいほど、知識も関心もなかった。驚いた筆者は、二〇〇九（平成二一）年、「戦争とジャーナリズム」を理解するための副教材として、宮恵子・明子の了解を得て、『生きて生きぬいて　恵子と明子』を発行、学生たちに配布するとともに、恵子・明子の故郷である富山県と聖泉大学がある滋賀県近辺の皆さんにメディアを通じてお知らせし、希望者に『生きて生きぬいて　恵子と明子』を送付させていただいた。

大学の授業における『生きて生きぬいて　恵子と明子』という副教材発行の目的は、もちろん、学生諸君に「中国残留孤児」の存在を通じて、第二次世界大戦の記憶の風化を検証することにあったが、筆者のさらなる関心は、恵子・明子姉妹が生まれた松沢村の宮家の歴史を明治まで遡《さかのぼ》り、富国強兵、殖産興業の名の下、日本が歩んだ近代を、一農村を通じて考えてみたいという思いもあったからである。

のちに詳述することになるが、松沢村は、太平洋戦争当時の、まさにエリート将校、瀬島《せじま》龍三《りゅうぞう》の故郷である。瀬島は関東軍作戦参謀を経て大本営作戦参謀に転じ、太平洋戦争のほぼ全期間を通じて主な作戦立案に関与した。関東軍の関東とは満州を意味する言葉だが、関東軍は植民地常備軍の一つで満州に置かれた陸軍部隊であった。一九七三（昭和四八）年から一九七八（昭和五三）年まで『サンデー毎日』に連載された山崎豊子の小説『不毛地帯《ふもうちたい》』の主人公・壱岐正《いきただし》元帝国陸軍中佐は、瀬島龍三がそのモデルとされた。山崎は瀬島がモデルそのものではなく、複数人のイメージを重ね合わせたものと断っているが、極東軍事裁判では証人として出廷した経歴を持ち、ソ連との終戦処理にあたった人物である。

瀬島家も宮家も松沢村の旧家で、かねてから深い関係にあった。歴史はIrony《アイロニー》に満ち満ちている。明治維新に始まった日本の近代、日清・日露戦争を経て、大日本帝国の行き着いた先が、第二次世界大戦、つまり太平洋戦争であった。

戦後七三年になる今年二〇一八（平成三〇）年は、明治維新に始まる近代化一五〇年でもある。と同時に、恵子・明子が、辛すぎる望郷の日々を送った中国と日本が、日中平和友好条約を締結して四〇年の節目にあたる。東アジアをめぐる国際情勢は激しい迷走と漂流を繰り返しながら、今、あらたな段階の踊り場にある。

中国残留孤児である恵子と明子は実は中国語が話せない。戦争に翻弄《ほんろう》された二人は、それぞれ、中国の大地で、日本による朝鮮半島統治下、土地を追われた朝鮮民族の開拓農民によって育てられた。

「千年猛暑」との言葉をどこかで聞いたことがあるが、今年の夏は、豪雨と猛暑が相次いで起こり、全国では四〇度を超える地域も出た。東京でも連日、三五度以上の猛暑日が続いた。ビル街の一角にある都営住宅で、永住帰国から二〇年になる恵子と明子はそれぞれ、今、何を思うのであろうか。

本書は、二〇〇九（平成二一）年発行、『生きて生きぬいて　恵子と明子』を改題、加筆、修正をし、『二つの祖国を生きて　恵子と明子　中国残留孤児と日本の近現代』としてあらたな出版を試みたものである。


本書における年号については西暦・元号を併用したほか、地名については市町村合併により、当時と現在とでは市町村名が変わっている場所があるので、できるだけ当時と現在を併記した。

また、資料の引用・転載にあたっては、当時の記載を変更せずに収録することを第一の方針とした。参照文献については、各章末に【引用文献】欄を設け、【引用文献】欄の番号は本記に付記した。また、【参考文献】については、巻末に一覧を掲載した。なお、提供写真については、撮影年が不明なものが多く、こうした写真については、撮影年を付記せずに掲載した。ご了承いただきたい。

そのほか、本記における氏名については、引用文中以外は失礼を省みず、原則として敬称を略させていただいた。宮恵子さん、明子さんについても「宮恵子」あるいは「宮明子」との表記とした。お許しいただきたいと思う。

空疎な言葉が飛び交い、この国のありようが問われ続ける今、本書が「国家と個人」を考える一助になれば、望外の喜びである。

目次

二つの祖国を生きて　恵子と明子

中国残留孤児と日本の近現代

夕陽と大地

第一章

宮家と軍人ばあさん　宮のさ

宮家の出自

一九九七（平成九）年六月八日、散居村が東南に広がりをみせる富山県小矢部市小神《おこ》で、ひとつの忠魂碑の修復記念式が行われた。

青々と水田が波打つ中にそびえたつこの碑は、一九〇六（明治三九）年建立、一〇〇年に近い風雪に耐えてきた日露戦争の死者を弔う北征弔忠之碑である。

この碑は、明治から大正にかけて「軍人ばあさん」と呼ばれるほどに愛国の精神のもと、軍事に物心両面から尽くした宮のさが自宅横の正因寺公園に建立したものである。表は、日本海海戦の名提督、東郷平八郎元帥の筆、裏には当時随一の名筆家と言われた日下部鳴鶴の筆になる由緒が記されている。その横に軍事を助けた功労者として、宮のさ刀自《とうじ》

小矢部市の位置

宮 のさ

北征弔忠之碑

宮 のさ銅像と北征弔忠之碑

の銅像も建てられた（刀自というのは女性に対する敬称で、男の家長に対して、刀自は一家の主婦を指す）。かってはここに戦利品の大砲なども置かれていたということだが、太平洋戦争中の金属回収で供出されたという。

　中国残留孤児、宮恵子・明子姉妹の三代前にあたる宮のさが嫁いだ宮家の家系は、一九七四（昭和四九）年発行の『郷土に輝く人びと』に詳しい記述がある。「宮家の先祖は越後の国司、城資永《じょうのすけなが》の弟・資《すけ》茂《もち》であって資茂は一一八三（寿永二）年、倶利伽羅の戦いに平家方として参戦したが、敗れて砺波郡庄村へ逃れ、右衛門と名乗って開墾に従事した。家伝によると、平家の守護神である厳島明神を祀り、その土地を雄神と称した。一二八三（弘和永徳三）年三月四日、五代右衛門の時代に庄川の大洪水で、雄神の地は全く荒廃した。右衛門に夢のお告げがあり、『我はいま雄神から戌亥《いぬい》（今の北西）の方三里ばかりの地にある堰にかかっている。今後雄神の地は水難の恐れが多い。汝はその有縁の地に留まり開墾せよ、我は汝を守護せん』と。右衛門はその地に社を建てて祀り、社地の北方に移り住んだ。それからこの川を宮川といい、姓を宮北と称し、土地の名を小神《おがみ》と呼んだが、後世『おこ』と呼ぶようになった[1]」

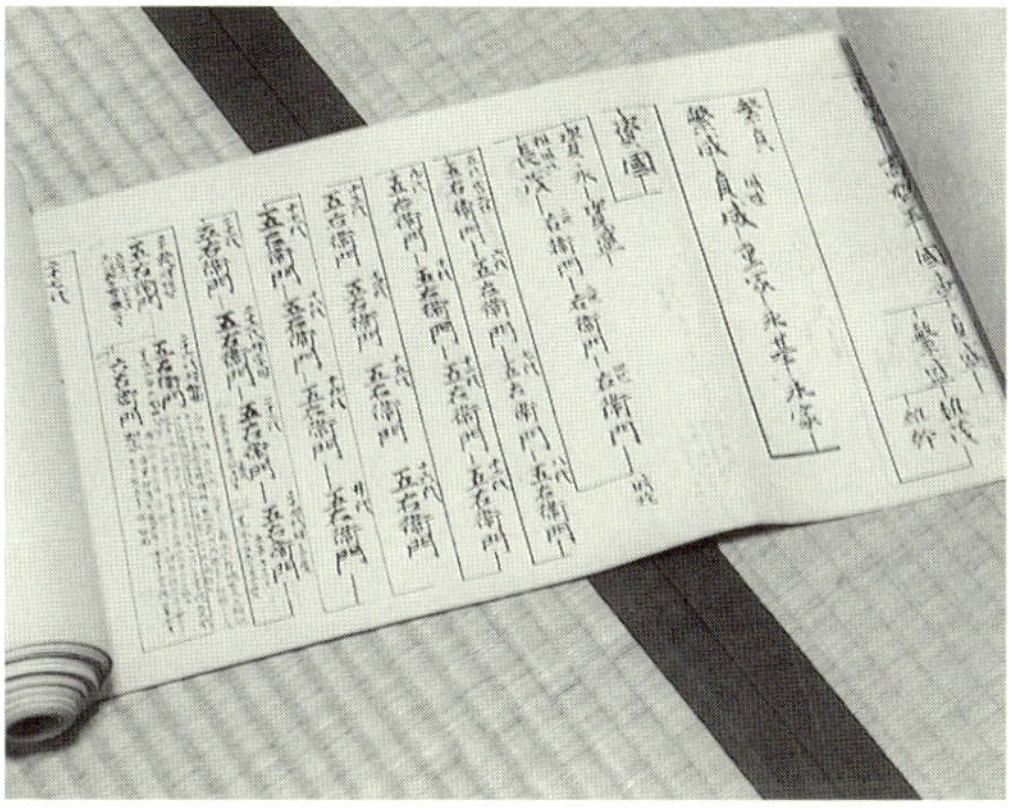
宮家家系図・資永（すけなが）の名がある

宮長二と宮家を復興した宮のさ

この記述に基づけば、宮のさの宮家はまさにこの地に歴史を刻んできた名家といえる。『小矢部市史』によれば、この宮家の二六代に跡継ぎがなく、分家次左エ門の長男が家督を継いだということで、これが宮北五右エ門で、のさの夫にあたる人物である。五右エ門は一八七二（明治五）年に宮長二と改めた。のさもそれまでぬさという名だったが、のさに改名したと記されている。

のさは一八五八（安政五）年、富山県西砺波郡松沢村（現・小矢部市）小神に生まれている。再び『郷土に輝く人びと』によると「夫・長二は学を好み、小神、鷺島、茄子島、野寺などの村民を集めて寺子屋を開き、敬慕されていたが、一八八二（明治一五）年、三八歳の若さで病没した。その時のさは二四歳であった。

未亡人となったのさは、六歳の長男を頭に弟妹三児を抱え、夫の病気やその他で傾いた家運を立て直すために奮闘努力せねばならないと雄雄しく立ち上がった(2)」とある。

また、のさが宮家の再建のために定めた家憲というのが残されている。

一、忠孝を本旨として品行を慎み貞操を守るべし。
二、神仏を幸謁すべし。
三、家の宗教を信仰し子供に至るまで之を変更すべからず。
四、祖先を崇敬し伝来の家業を継続すべし。

五、家事向はすべて質素なるべし。
六、朝早く起くべし。という六つの家憲である。
のさは夫の死後、一五年間にわたり、この家憲のもとに宮家のために一心不乱に働いた。女手一つで懸命に働き続けたのさは、一八九六（明治二九）年頃には一旦手放していた土地を買い戻し、負債を返却し終えたという。記録によれば、宮家の当時の土地は、九四町（約九三ヘクタール）、旧石高が一二〇〇石（約二一六立方メートル）というのだから、想像を越えた資産があったことは間違いないだろう。

語り継がれる宮のさの社会的活躍はこの頃から始まる。一八九五（明治二八）年、日本は日清戦争に勝利し、中国と朝鮮半島をはさんで今度はロシアとの対立関係に突入していた。

宮 長二

宮 のさ

日清戦争と日露戦争の起因

そもそも明治に入り、ようやく近代国家としての自立をはじめた日本がなぜ日清戦争に突入せざるを得なかったのか、一八九四（明治二七）年七月から一八九五（明治二八）年四月にかけて戦った日清戦争は、主に李氏朝鮮をめぐる日本と清朝中国の戦争である。当時は欧米列強の各国がアジアの諸国を次々と植民地化していた頃である。イギリスをはじめとする欧米列強が、中国・朝鮮半島・日本を支配下におくことをねらう中で、ロシアもまた南下作戦を考え、清国（中国）・朝鮮半島を傘下に治めようと虎視眈々《こしたんたん》と窺っていた。

明治政府の指導者は、ロシアが南下し攻めてくる前に前もって朝鮮半島を手に入れようと朝鮮半島進出をもくろんだところ、清国（中国）がこれを阻止しようとし、日清戦争勃発へと繋がっていったのである。この戦争は近代化と富国強兵のもと、最新鋭の巡洋艦などを揃えた日本が、世界の予想に反して圧倒的な勝利をおさめた。丁度、宮のさが宮家再建のために汗し、精励していた頃である。

日清戦争に勝利したとはいえ、アジアの小国にすぎなかった日本が、ヨーロッパの大国ロシアに宣戦布告をする日がやってくる。一九〇四（明治三七）年二月の日露戦争開戦である。日露戦争は大日本帝国とロシア帝国が朝鮮半島と満州（現・中国東北部）を主戦場とした戦争である。

この戦争の背景には欧米列強・ロシア・日本などが中国や朝鮮半島の利権を巡って複雑な構造にあったことがあげられる。ロシアは前述したように南下政策をとり続け、すでに満州（現・中国東北部）

を手に入れており、さらに朝鮮半島へ手を伸ばそうとしていた。満州の植民地化を既定事実化し、南下政策を進めるロシアに対し、日本ばかりでなく、イギリス、アメリカも強い危機感を抱き、イギリスと日本が一九〇二（明治三五）年に日英同盟を締結、ロシアへの対抗勢力となった。一九〇三（明治三六）年からの日露交渉において、日本側は朝鮮半島を日本、満州をロシアの支配下におくという妥協案、いわゆる満韓交換論を提案し交渉を行ったが、一九〇四（明治三七）年、交渉は決裂、同じ年の二月、国交断絶そして両国互いの宣戦布告へと走った。強大な軍事力を誇る大国ロシアと日本の戦いは日清戦争の比ではなく、国をあげて日露戦争一色に染まっていった。戦争遂行には膨大な物資輸入も不可欠となり、明治政府も戦費調達に苦心を強いられていた。

宮のさの軍事援護

宮家を再建した宮のさは、自ら進んで毎回割り当て以上の政府発行の戦時国債に応募し、義勇艦隊の資金募集にも積極的に応じたほか、篤志家にも広く募金の勧誘に走りまわっていた。のさの地元である松沢村や石動町の郷土部隊は第九師団に属し、乃木希典大将の率いる第三軍に入り、中国・遼東半島南部旅順攻撃に参加した。地元から出征する将兵に対し、のさは必ず石動駅のみならず金沢までも毎日のように歓送に出、さらに第九師団将兵一同に対し、毛布や慰問袋、私製葉書などを贈り続けた。

愛国婦人会の誕生

夫の夭折によって、のさの苦闘の人生が始まったのだが、当時彼女をここまで「お国のため」に駆り立てたものは何であったのだろうか。当時の社会状況と女性の立場について『日露戦争スタディーズ』において、飯田裕子が当時の社会状況と女性の立場について、詳細に分析している。飯田は私領域として良妻賢母という枠の中にあった女性がどのように戦争という公の領域に関わっていったのかを考える上で、明治三〇年代に生まれた愛国婦人会の存在を指摘している。愛国婦人会誕生の経緯を引用する。

> 一九〇一（明治三四）年という日清日露の戦間期に作られた愛国婦人会は、一九四二（昭和一七）年に大日本連合婦人会（一九三〇・昭和五年成立）・国防婦人会（一九三二・昭和七年成立）とともに大日本婦人会に統合再編されるまで存在し続けた。その意味で、婦人による軍事援護団体の魁《さきがけ》といえるだろう。明治二〇年代から生まれつつあった婦人団体の流れに位置しながらも、愛国婦人会はその規模の大きさにおいても社会的認知の度合いにおいても、他と一線を画して最も強力な団体となった。一九〇八（明治四一）年には、会員数七〇万を越している。その提唱者は奥村《おくむら》五百子《いおこ》という老婆《ママ》である。日露戦争を経て国家的規模にふくれあがった愛国婦人会は、実はこの一人の老婆の並々ならぬ情熱によって生み出されている。もちろん正確に言えば、彼女の情熱は、近衛篤麿

をはじめとする時の権力を把持した男たちによって、また内務省や陸軍省によって、明治中期の女性の国民化と再配置に有益だと判断されたのであって、もしその支持と援助を得られなかったら愛国婦人会は存在しなかったであろう。『愛国婦人会』という名称そのものが、近衛の発案によるものである。しかしまた同時に、彼らだけでは『愛国婦人会』は生まれも育ちもしなかったはずである[3]。

飯田によれば、奥村五百子は一九〇一（明治三四）年の愛国婦人会立ち上げから日露戦争が始まるまで、愛国婦人会を拡大してゆくのに必要不可欠な回路を開いたのである。一九〇三（明治三六）年一年間だけで、巡回回数一七九回、演説回数一四八回、傍聴者九万四〇九〇人で、一九〇六（明治三九）年までの総回数は、四〇〇〇回以上とのことである。

宮のさと愛国婦人会

宮のさはこの奥村五百子とともに愛国婦人会の創設に心血を注いだ。夫の死によって始まった苦悩を乗り越える道をこの愛国婦人会の活動に見出していたのではないだろうか。もちろん、のさが定めた宮家の家憲にあるように、篤い宗教心、信仰心、さらには忠孝の心があいまって愛国心への高められていったと考えられる。

日露戦争への富山県内からの従軍者は、約二万三五〇〇人とされている（『越中史料』『富山県女性史』）。日清戦争の出征兵士の約一〇倍ということだから、いかに日露戦争が国運を決する戦いであったかがわかる。奥村五百子の愛国婦人会は富山県でも会員を増やし、のさのように懸命に援護活動に力を尽くす婦人も多かった。厳しいロシアとの戦いで傷病兵も多く、のさは傷病兵を石動駅に迎え、陸軍病院へも数十回にわたって見舞い、たばこ、シャツなどの慰問品を贈ったとの記録も残っている。また戦没将兵の遺族を弔問し激励・援護するなど身を挺して日露戦争のバックアップにあたった。

二年にわたったこの戦争は日本軍約八万人、ロシア軍約五万人の死者を出した極めて困難な戦争であった。中でも、のさの郷土の部隊が属した第三軍は、難攻不落の旅順要塞を前に数々の苦戦を強いられた。多くの戦死者を出した末、二〇三高地などを占領し、ついに一九〇五（明治三八）年元旦、旅順要塞を陥落させた。ついでこの年の三月には奉天会戦で辛勝、五月の日本海海戦では、日本の連合艦隊がヨーロッパから回航してきたロシアのバルチック艦隊を全滅させた。

軍人ばあさん

日清戦争で勝利した日本も、日露戦争の勝利は予想外で、それだけに喜びも大きく、のさの地元である石動町でも駅前に凱旋門を作って勝利を祝った。寝食も忘れて奔走したのさの、この時の喜びは想像に余りある。石動停車場や金沢停車場、病院や連隊に毎日のように激励や慰問に回るのさの姿から、いつしか「軍人ばあさん」と呼ばれるようになっていった。

一九〇五（明治三八）年九月、アメリカのポーツマスで日本全権大使小村寿太郎とロシア全権ヴィッテは講和条約（ポーツマス条約）に調印、日露戦争は正式に終わった。

宮のさは歓喜し、帰還する兵士の歓迎を続けた。そして翌一九〇六（明治三九）年三月、長男の長成を伴って朝鮮半島や満州に出かけ、日清戦争・日露戦争の戦場を訪ね、戦没者の慰霊を行った。第九師

日露戦争凱旋奉祝門（石動駅）

団の苦戦の場となり、多くの死傷者を出した旅順周辺の盤竜山、二竜山、松樹山、二〇三高地などの砲台はもちろん、遠く遼陽・奉天の戦跡を訪ねて将兵の労苦を偲ぶと共に、戦没将兵のために懇《ねんご》ろに読経し冥福を祈った。その渡航のためにのさが携えたパスポートがいまだに残されている。藁半紙一枚の大きさのものであるが、宮家に保存されていた。のさは帰国後、冒頭に紹介した北征弔忠之碑を自宅横の正因寺公園に建立した。

『日露戦争スタディーズ』の中で原田敬一は「当時、兵士を送り出した村では凱旋者や戦没者を含めた戦争記念碑を『忠魂碑』という名称で建立した。村の一番目立つところ、誰でも目にするところという意味で、小学校が一番多く、ついで鎮守や寺院という場所が選ばれた(4)」と記している。

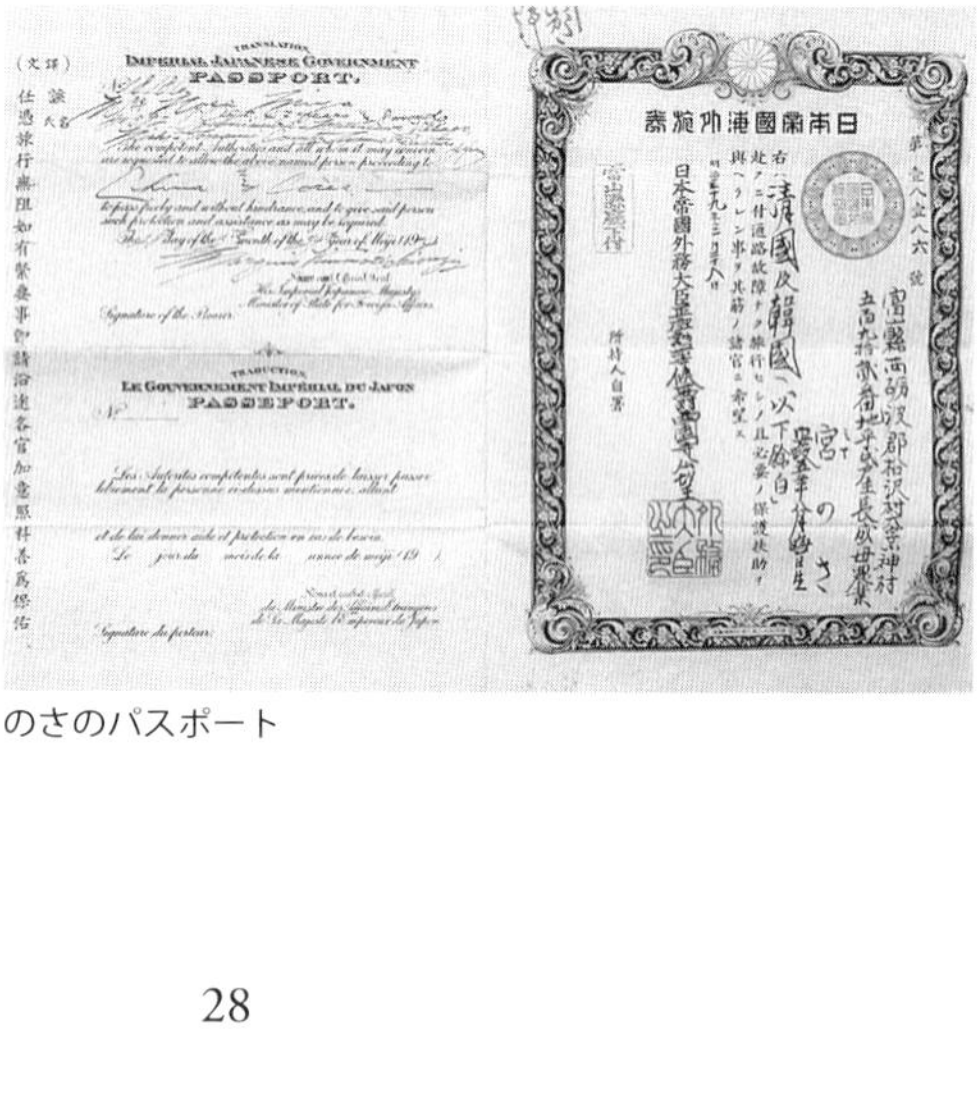

のさのパスポート

正因寺の創立

のさの建立した碑も田園地帯が広がる正因寺公園にそびえたっている。この正因寺について一言、触れておきたい。

　このお寺は実は数々の社会事業に貢献し、信仰心にも厚かった宮のさが先祖菩提のため一八八〇（明治一三）年、一寺創立を願い、本山より正因寺の寺号を受け新設したものである。正因寺の住職は代々、近くの乗永寺の住職が兼務していた。二〇〇〇（平成一二）年二月、正因寺は廃寺となったが、一寺創立が許されたということからも宮のさの当時の立場を窺い知ることができる。のさの夫である長二の妹、志きが一八六二（文久二）年、乗永寺の住職・慶順に嫁いでおり、そうしたこともものさの厚い信仰心醸成につながったのかもしれない。

宮のさと乃木大将

　日露戦争後は東郷元帥、乃木大将をはじめ多くの軍人・政治家と親交を深め、宮家を訪れる名士も多かったという。ことに第九師団の将兵の転任、赴任には必ず宮家に挨拶に訪れたという。また、のさは上京に際し、これら名士の家庭に安否を尋ねた。その時持参した手土産は、自作の穀類や野菜であったので、かえってその誠意が喜ばれたという。

　一九一二（明治四五）年七月三〇日、明治天皇は崩御され、九月一三日、御大葬が行われた。この御大葬が行われる前日の一二日、宮のさは東京・青山の乃木希典大将邸を訪ねている。乃木夫妻はのさの訪問を大変喜ばれ、蕎麦を馳走した。ところが大葬のあとの夕方、乃木夫妻は先帝明治天皇崩御のあとを追って自刃した。九月一四日早朝、新聞でこのことを知ったのさは直ちに乃木邸に駆けつけたが、

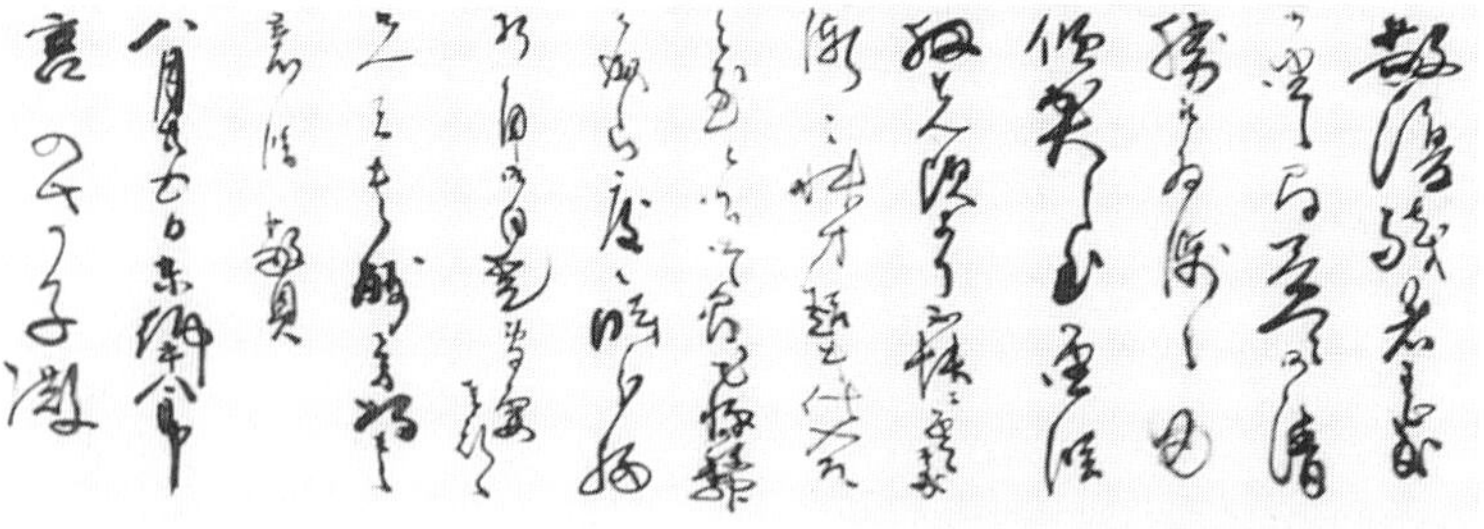

当時の軍人・政治家から、のさへの手紙

東郷平八郎・高橋是清の手紙もある

乃木大将夫妻

おとといの蕎麦は別離の意味であったかと感慨無量であったという。乃木稀典は西南戦争、日清戦争、そして日露戦争を戦い、軍人としての生涯の多くを司令官として過ごした。東郷平八郎とともに日露戦争では英雄とされ、まさに日本の近代国家形成の象徴的人物であった。殉死を知ったのさの悲しみはいかばかりだったかと思う。

宮のさのシベリア出兵慰問と特別拝謁

のさは老齢にもかかわらず、その後も戦病死軍人の追悼法会や招魂祭に出席し、冥福を祈ることを忘れなかった。

時は大正に入り、ロシアでは革命が起こり、ニコライ二世が退位した。帝政国家が崩壊し社会主義国家へと移ったため、ロシアとの数々の軋轢《あつれき》が起きた。ウラジオストックでの日本人殺傷事件を機に日本はシベリア出兵を宣言、七万二〇〇〇人の出兵を行う。金沢を本拠とする第九師団も大命により、一九二二（大正一一）年五月一七日から二〇日までに石川県七尾港や福井県敦賀港からシベリアに向けて出動した。富山県出身者も多かったので、富山県は慰問団を編成して現地へ派遣することになった。

この時、宮のさは六五歳の高齢であったが、陸軍省に願い出て慰問団の一員となり、はるばるウラジオストックへわたって将兵の労苦をねぎらっている。のさの「兵隊ばあさん」「軍人ばあさん」とし

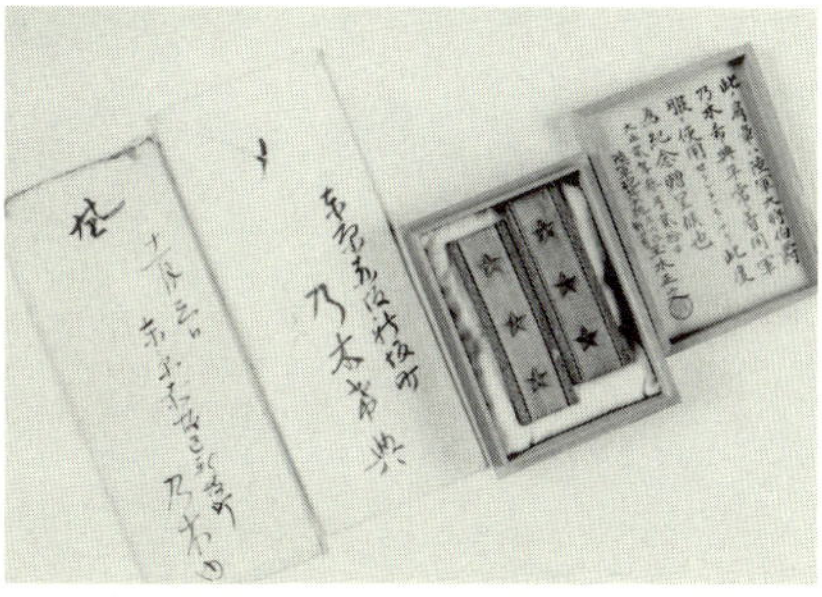
乃木大将から自刃の前日にのさに贈られた肩章

埴生へ向かわれる摂政宮殿下

宮のさ刀自、拝謁仰せつけられる

ての高名が富山県内はもとより、陸軍をはじめ全国にもその名を知られていたのであろう。

一九二四（大正一三）年一一月三日、倶利伽羅峠から小矢部川を挟んで陸軍特別大演習が実戦さながらに展開された。大元帥である大正天皇が病気のため、摂政宮裕仁親王（後の昭和天皇）が代行したが、この特別大演習の際、宮のさは当時の石坂村路傍で特別拝謁を賜るという光栄に浴している。

宮のさの社会運動

一九二七（昭和二）年八月、七一歳ののさは、富山県連合婦女会長に推され、翌年の一九二八（昭和三）年八月には西砺波郡の連合婦女会長にも推され、文字通り婦人の指導的立場にあった。一九二九（昭和四）年には京都で開催された大日本連合女子青年団大会に富山県から百数十名の若い婦女会員を引率して参加している。

「軍人ばあさん」として誉れ高い宮のさであったが、全国各地の災害にも心を砕き、各種の公益事業にも尽力したことは意外と知られていない。一九一三（大正二）年の北海道をはじめとする大凶作や一九一四（大正三）年の鹿児島・桜島の大噴火、さらには各地の水害や一九二三（大正一二）年の関東大震災にも目配りし、衣類など多くの慰問品を送っている。この関東大震災の際には、やや落ち着いたのちに上京し、現地の慰問を行った。

松沢村の変遷

素封家であった宮家のある小矢部市小神地域は、かって富山県西砺波郡松沢村に属していた。富山県といっても、石川県との、県境で、すぐ近くを小矢部川の清流が流れている。富山市に出るより金沢市に出るほうが近い。かっては加賀藩の台所といわれた穀倉地帯である。松沢村の野寺集落や赤倉集落の旧家からは石川県高松町にあるお寺の門徒衆であったとの記録が見つかっている。おそらくこの周辺の祖先は石川県から移り住んだ人々が多かったのではなかろうか。

『目で見る砺波・小矢部の一〇〇年』から要約すると、江戸時代の越中国砺波郡が明治になり、新川県に属したり、石川県に併合されたりしながら、一八八三（明治一六）年、越中一円が富山県となった。一八八八（明治二一）年四月、市制・町村制が公布されたのに伴い、砺波郡は一〇町と七〇村に編成された。石動町はこの一〇町のひとつであり、松沢村は七〇村のひとつであった。当時、砺波郡は養蚕が盛んで、繭の生産額が五七〇〇石と富山県生産総額の約六〇%を占め、まさに製糸王国であった。

松沢村の歴史に詳しく、『小矢部市史・おやべ風土記編』で松沢村について執筆した牧野潤によれば、松沢村周辺は小矢部川に沿って低地が多く、その堤防沿いに桑の木が植えられていたのではないかという。古くからの産業として、養鶏や養蚕が盛んであったという。

加賀藩の穀倉地帯であった砺波平野では、一八九七（明治三〇）年、ウンカが発生して大凶作となり、北海道移住民が急増したとの記録もある。また、この頃地主制が進み、小作農が増える一方で、北海道では、「貸付予定地存置制度」という、いわば移住者を迎え入れる制度を取り入れたので、さらに小作農の北海道移住が増加したとのことである。

北海道移民が急増する前の一八九六（明治二九）年、砺波郡は東西に分割された。郡役所は東砺波郡が井波町、西砺波郡は石動町に設置されて、松沢村は西砺波郡に属した。

旧松沢村役場

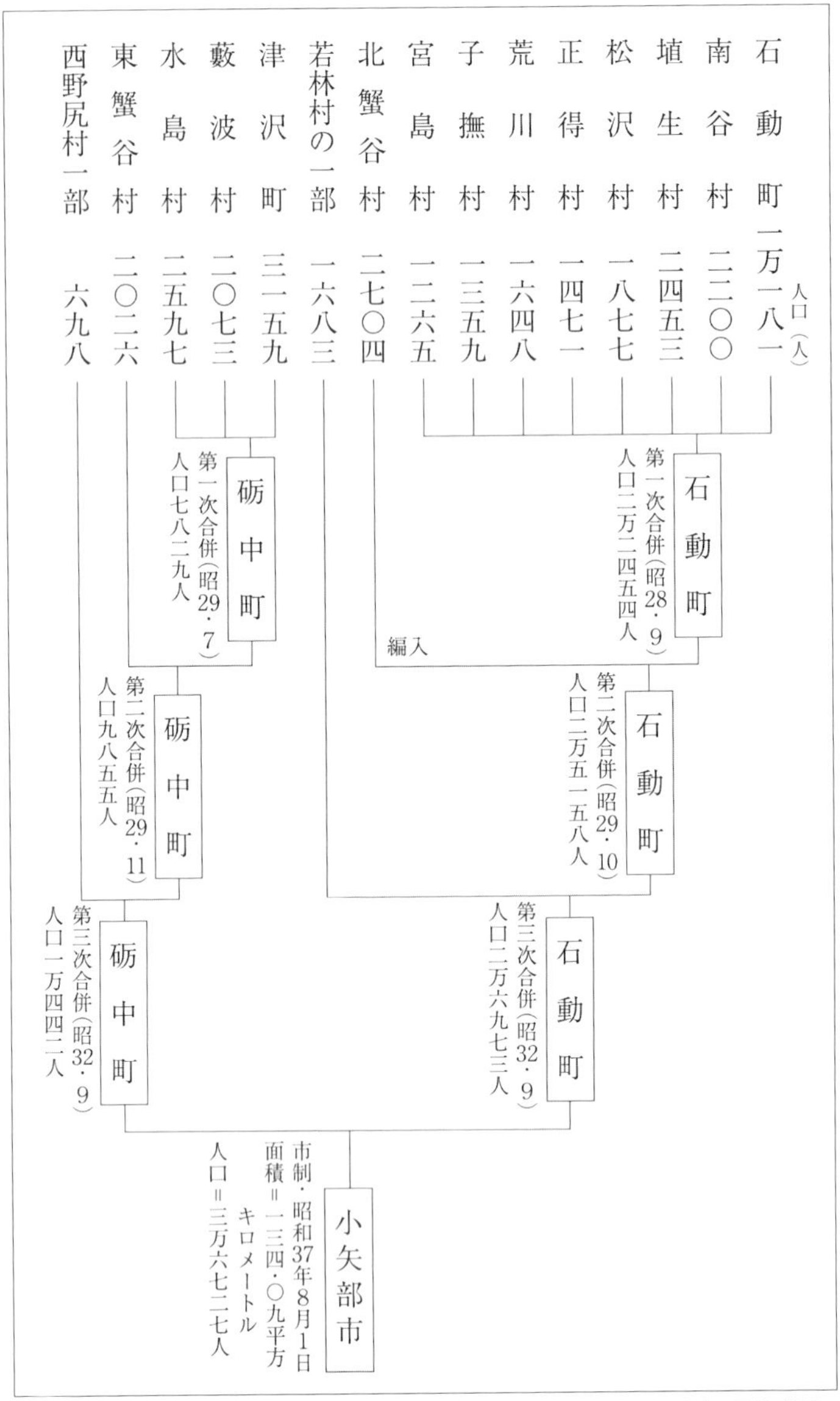

町村合併の推移 出典：『ふるさとの想い出写真集　明治・大正・昭和　小矢部』国書刊行会、1980

人口は約一八〇〇人と小さな村のひとつであった松沢村はその後、太平洋戦争を経て一九五三（昭和二八）年に他の七つの村とともに石動町に合体され、一九六二（昭和三七）年石動町と砺中町の合併で小矢部市となった。現在、小矢部市松沢地区となった旧松沢村は南北二・五二キロ、東西二・〇四キロだから地区内を歩いてもたかがしれる。

二〇〇九（平成二一）年一月二二日、北陸の冬にしては、珍しく暖かさに恵まれた日、これまで取材で何度か訪れた松沢地区に久しぶりに向かった。小矢部の西北部、標高三四六メートルの稲葉山をはじめとする丘陵地帯にはいつ頃の雪であろうか、まだうっすらと雪が残り、小矢部の街を見下ろしている。稲葉山にこれだけ雪が少ない冬も稀だ。富山市から高岡市を経て車で一時間余り、小矢部市役所の本町あたりで南へ折れ、北陸線の線路を越えると眼前に田園地帯が広がる。いつものこの時期だと一面、真っ白な雪に覆われた平野であるが、この日はコート無しでも寒くは感じられない穏やかな日和だった。松沢地区は小矢部市のほぼ中央部に位置し、西から北西を流れる小矢部川右岸に接している。周辺にはＪＡやいくつかの工場はあるが、豊かな穀倉地帯を想起させる。地区には小矢部川に合流する合又川や横江宮川など幾つかの小河川も走っている。

松沢地区より稲葉山を望む（2009・平成21年撮影）

クロスランドタワー

この平野に似つかわしくない建物がひとつある。地上一〇〇メートルの展望台を持つクロスランドタワーで小矢部市の文化・芸術・経済の交流拠点として一九九四（平成六）年に完成したが、各種のコンサートをはじめとするイベントが開催され、付近一帯は公園として利用されている。ここも松沢地区の鷲島で、丁度ＪＲ石動駅と北陸自動車道小矢部インターチェンジの中間点になる。クロスランドタワーは文字通り、小矢部のクロスランド、中心地に測ったような場所にそびえたっている。現在の松沢地区は、小神、茄子島《なすじま》、鷲島、東照、和沢、福上、赤倉、島の八つの集落から形成されているが、地区のほぼ中心部にある松沢公民館に立ち寄った。折りしも地区の会合が開かれていたが、ここで地区の古老とでもいうべき、小神の村田良生（当時八五）に話を聞くことができた。村田によれば、この松沢地区は歴史的に由緒ある土地で、平安末期の源平倶利伽羅合戦の頃、源義仲がこの地区の鷲島を経て小矢部川をわたったと伝えられる。

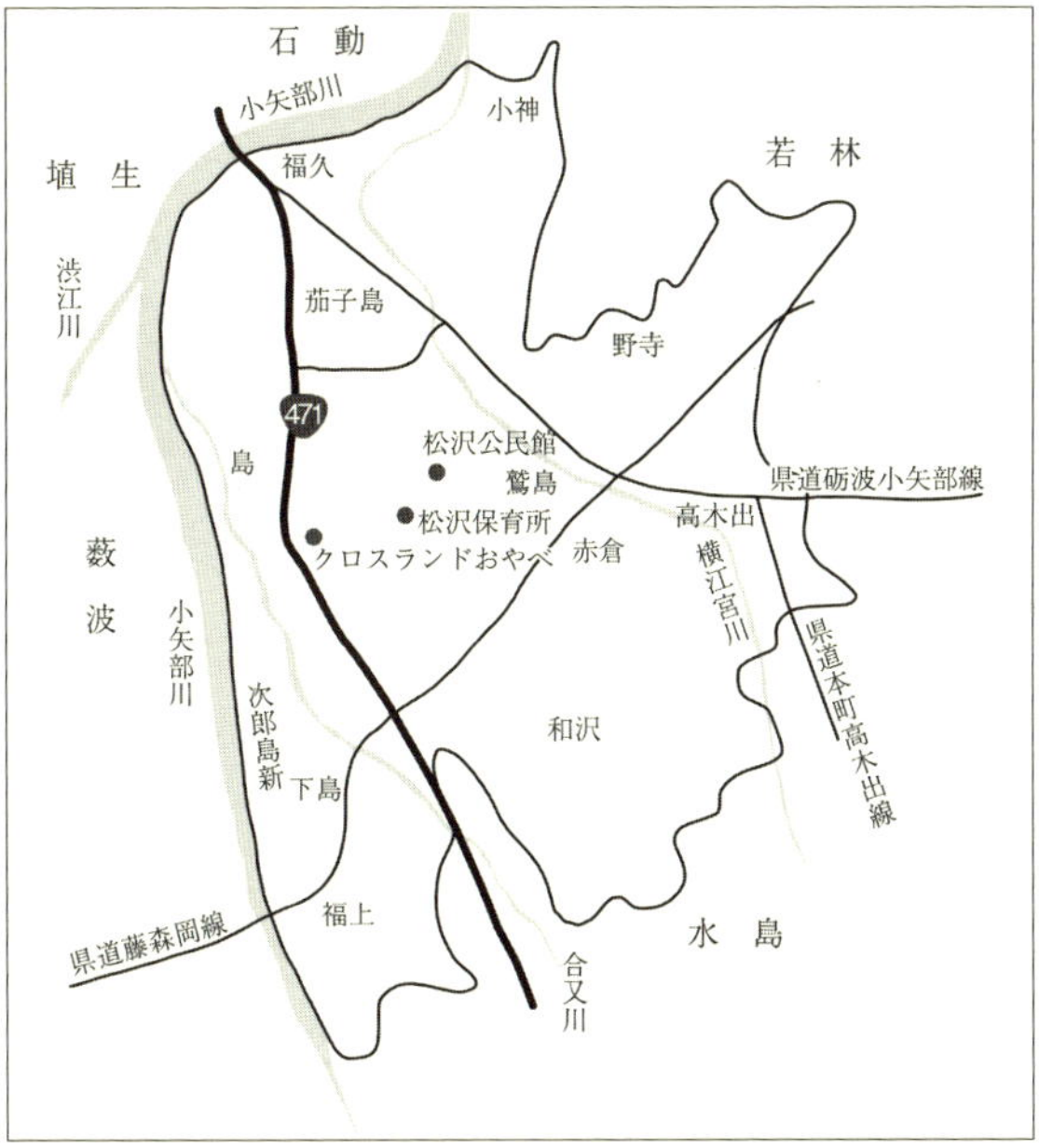

松沢地区の位置　出典：小矢部市『小矢部市史』2002

宮のさの祖先にあたる城資茂は、平家方として倶利伽羅山の戦いに参戦したという。村田は「ここは肥沃な農業地帯だが、かつては小矢部川とは別に庄川が氾濫し、松沢を流れた。水害も昔は多かった」という。

集落の沿革については『おやべ風土記』地区・集落史に詳説されている。松沢村の村名は「村名は松永郷と和澤郷の郷名に由来するとか、古くはこの地が沢地で見事な松が繁茂していたことによるともいわれている(5)」と記されている。

松沢公民館からの帰り際、村田に「瀬島龍三さんのご生家は確か、この近くでしたね」と尋ねた。「すぐ近くです。この公民館からJAの前を通って最初の角を曲がったところです」と教えていただいた。

引用文献

(1) 富山県・青少年育成富山県民会議『郷土に輝く人びと』一九七四
(2) 前掲書『郷土に輝く人びと』
(3) 小森陽一・成田龍一編『日露戦争スタディーズ』紀伊国屋書店、二〇〇四
(4) 前掲書『日露戦争スタディーズ』
(5)『小矢部市史・おやべ風土記編』二〇〇二

第二章　宮家と瀬島家

宮家と瀬島家の交わり

人口わずか一八〇〇の小さな村、松沢村は、実は太平洋戦争の元大本営参謀・瀬島龍三の故郷《ふるさと》でもあった。瀬島龍三は一九一一（明治四四）年一二月九日、松沢村で生まれた。龍三の父・龍太郎はこの松沢村で農業を営み、日清・日露戦争に従軍した後に松沢村の村長をつとめた。

龍太郎が村長を務めていた一九二八（昭和三）年、宮のさはそれまでの多大なる功績に対し、従六位勲六等に叙せられた。松沢村ではのさを郷土の偉人として讃える碑を建立し、「従六位勲六等宮のさ刀自事歴」を編纂した。この事歴の前書きを記したのは瀬島龍三の父・瀬島龍太郎である。「軍人愛国の母、従六位宮のさ刀自はわが松沢村が生みたる偉人なり」との書き出しで始まる前書きの中で、のさの功労に対し「欣喜して只感謝あるのみ」と述べている。

瀬島家と宮のさの宮家は明治の古くから親交があった。のさには長男・長成と次男・正央、長女・ひさの三人の子どもがいたが、長成は小矢部川の近くに北國製紙株式会社を創立し、実業家の道を進んだ。もちろん、小神の神社である小神神明社を指定村社とすることに力を尽くすなど、常に母を支えながら宮家を盛り立てた。また、次男の正央は一九二二（大正一一）年二月から一九二四（大正一三）年一二月まで松沢村の

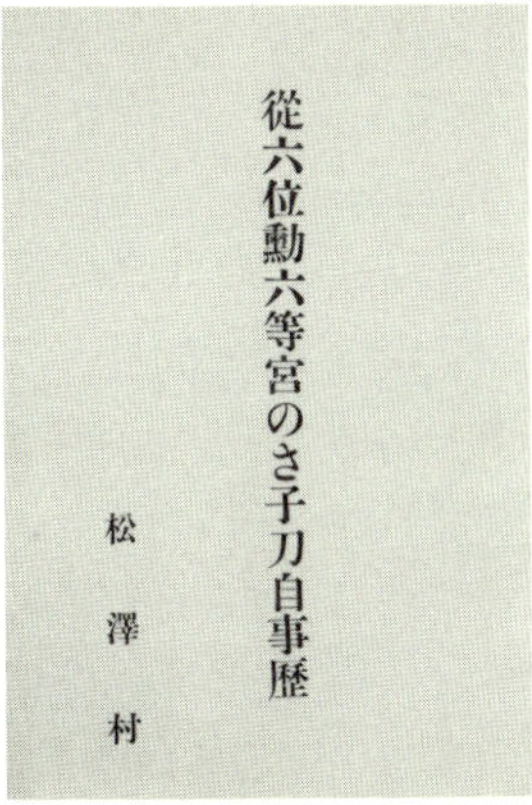

のさ刀自事歴表紙

小神《おこ》神社

村長を務めている。

この正央の後を受けて松沢村の村長になったのが瀬島龍太郎であった。当時、松沢村にあっては宮家と瀬島家がともに村の発展に協力していたのであろう。

瀬島龍三の生家は今も旧松沢村にあるが、瀬島家に残る資料に「瀬島家家憲」というものがある。これは一九一二（大正元）年一〇月一日に、龍三の祖父母、父、母、兄たちが相談して定めたと記されており、五項目からなっている。

一、宗教を変ぜず、これを信仰し忠孝たること。
二、墳墓を大切にし、祖先を追慕すること。
三、業務に励み、質素なること。
四、子弟をねんごろに養育し、国の用たらしむること。
五、他人の悲境に同情すること。(1)

瀬島龍三、陸軍幼年学校に入学

瀬島龍三もこの家憲を胸に刻み、「軍人ばあさん」宮のさの励ましを受けて軍人の道を志した。瀬島が、砺波中学一年の時、自宅近くで陸軍特別大演習が開かれた。この演習こそ前述した、宮のさが特別拝謁を許された大演習である。「軍人ばあさん」さらには「兵隊ばあさん」の愛称でも呼ばれた宮のさも、後に陸軍大本営参謀となる瀬島龍三もこの演習を見守っていたことになる。瀬島はこの時、「国を守るためには軍人に」の思いを強くしたという。中学二年で東京にあった陸軍幼年学校を受験、二〇〇〇人の受験者のうち入学を許可された者はわずか五〇人、松沢村始まって以来の快挙であった。都へのぼる一四歳の神童に「兵隊ばあさん」宮のさは花火を打ち上げて見送った。

宮のさの死

日本の近代国家成立の歴史とともに歩んだ松沢村の「兵隊ばあさん」宮のさは、一九三三（昭和八）年八月二一日、七六歳で逝去した。『ふるさとの想い出写真集、明治・大正・昭和、小矢部』に

宮 のさの葬儀

宮のさの葬儀の模様を伝える写真がある。おそらく松沢村の村内を進む葬儀の列であろう。白い棺をはさみ、延々と続く僧侶や人々の写真である。この写真の解説を引用する。「一九三三（昭和八）年八月三一日、富山県連合婦女会長、従六位勲六等宮のさ刀自は七六歳で逝去した。『軍人ばあさん』といわれたために、軍国主義者のように誤解されたこともあったが、決して軍国主義者ではなかった。遺家族訪問・恤兵に誠をつくされたのであった。深い信仰心と郷土を愛する至誠の人であった。大地主でありながら質素倹約を旨とし、国家のためにまた社会のためにいつも多額の寄付をした。仏教婦人会や愛国婦人会、あるいは日本赤十字社の事業に率先して参加協力され、当時、郷土の士で宮のさ刀自の世話になった人は多かった。葬儀には金沢師団長ほか多数の参列者があり、葬儀の行列はこの写真の何倍にもなった[2]」。

宮のさの子と孫と曽孫

明治の頃から宮家と親交のあった瀬島家から、太平洋戦争の大本営参謀が誕生した。富山県の小さな村のある一族にとって運命は余りに非情である。国を思う「兵隊ばあさん」宮のさの可愛い曽孫達は、太平洋戦争という大きな歴史のうねりの中で中国の大地を彷徨《さまよ》うことになる。

宮家では「軍人ばあさん」といわれた宮のさの長男・長成は、正因寺を守る僧籍にあり、軍人を目指すことはなかったが、長成の長男、つまりのさの孫にあたる長真《ちょうしん》に対して、のさは大きな期待をもって軍人の道を歩ませた。

恵子・明子の父にあたる宮長真の軍歴を調べてみると、さすがに「軍人ばあさん」の孫にふさわしい。一九二七（昭和二）年、金沢歩兵第七連隊に入隊、わずか一〇ヵ月で幹部候補生となり、少尉に任官し一旦除隊、その後しばらく富山県庁に勤務するも一九三三（昭和八）年、主計少尉として原隊に応召。一九三五（昭和一〇）年五月、満州鉄道第三連隊に転属となり、ハルピンに駐屯した。長真にとってこれが初めての満州勤務となる。

宮 長真

ハルピンは筆者も真冬の一二月に一度、旅をしたことがあるが、その厳しい寒さは今でもはっきりと思い出すことができる。大河も凍りつく氷の世界である。今はそのハルピンの氷の祭典が北の大地の観光の目玉になっている。
その厳しい自然条件で軍務に着いていた長真は、その後、チチハルや牡丹江といった満州に滞在した。第二次世界大戦さなかの一九四三（昭和一八）年、いよいよソ連に対峙する牡丹江東寧《とうねい》県《けん》東綏《とうすい》の第一国境守備隊司令部付となった。
宮のさの曾孫にあたる恵子・明子の姉妹は太平洋戦争が始まった翌年の一九四二（昭和一七）年、母・豊子と共に、当時の満州国牡丹江で兵役についていた父・長真のもとへ渡った。長真・豊子夫妻や恵子・明子そして満州で生まれた知子らの家族は東綏の官舎に住んでいたが、一九四五（昭和二〇）年八月九日にソ連が参戦、父・長真は直ちに戦場へ出かけ、そのまま恵子・明子らと父は別れ別れになった。

宮長真一家

太平洋戦争が終わって、父・長真はソ連軍指揮下のもと、中央アジアのラーダ収容所に連行され、伐採、農場作業の強制労働に従事。その後、カザンの収容所に移され、伐採作業を続け、飢餓・酷寒・重労働の三重苦に耐え抜き、一九四八（昭和二三）年八月、信濃丸で舞鶴に復員した。東京裁判の証言者ともなった瀬島龍三もシベリア抑留のあと、一九五六（昭和三一）年、帰国している。

両家を通して、明治から今日までの一〇〇年の歴史をみると、まさに波乱そのものである。

引用文献

（1）瀬島龍三回想録『幾山河』産経新聞社、一九九五

（2）国書刊行会『ふるさとの想い出写真集、明治・大正・昭和　小矢部』一九八〇

第三章

中国残留孤児、恵子と明子の一時帰国

恵子、祖国日本へ一時帰国

宮恵子の一時帰国

一九八四（昭和五九）年一一月二六日、晩秋の小矢部、一人の中国残留孤児が四〇年振りの故郷に帰ってきた。この年行われた中国残留孤児の日本における対面調査で、恵子が、父は軍人だったこと、自分の名前を覚えていたことなどから身元が判明したのである。

宮恵子、中国名・李桂淑《りけいしゅく》、中国・黒龍江省寧安県《ねいあんけん》英山村からようやく故郷にたどり着いたのだ。恵子は、日本語はもちろん、中国語も話せなかった。

中国には一九〇万人の朝鮮民族が住んでいる。太平洋戦争前、日本による朝鮮半島統治下で、土地を奪われた農民が、新天地を求めて移住した例が多い。黒龍江省寧安県英山村もそのひとつである。宮恵子はそうした中国に住む朝鮮民族の開拓農民によって育てられた。

中国に住む朝鮮民族の歴史

中国に住む朝鮮民族の歴史は一九世紀半ばに始まっている。当時、李朝朝鮮と清朝中国は白頭山を分水嶺にして東西に流れる鴨緑江と豆満江の二つの大河で国を分けていた。満州における朝鮮民族定住の経緯について、金賛汀は次のように詳しく記述している。

李朝朝鮮は鎖国を国策として実施しており、これを犯すものには厳しい刑罰を科したため、朝鮮国内が治まっている時期、あえて鎖国の禁を破り満州に出入りするものは隠れて越境するごく少数の猟師や薬草探しのような人々で、農業を営み定住する朝鮮人はいなかった。一八六〇年当時、満州の領土は中国全土を支配した清朝の満州族の始祖の地であったため、彼らはその地を神聖な土地として長らく漢族の移住を禁止し「禁封の地」として、開墾されることもなく、太古からの姿をとどめていた。鎖国、「禁封の地」という両国政府の政策により、長い間満州の静寂が保たれていたが、一八六〇年頃から朝鮮民族に対する李朝朝鮮の苛斂誅求《かれんちゅうきゅう》（引用者注：年貢・税金などを酷く厳しく取りたてること）と干ばつによる被害で飢えた農民が、無人地帯であった豆満江の清朝側沿岸に入り込み農地の開拓を始めた。（中略）一八六八年頃までは豆満江沿岸で農業を営む朝鮮人は数千名程度であったが、一八六八年朝鮮の北東地方を襲った大干ばつで飢えに苦しんだ朝鮮農民が大挙して満州に入り込み耕地を開拓して農業を営み始めた。(1)

金の記述によれば、一八八一（明治一四）年には定住する朝鮮人農民の人口は約一万人に達したというから、満州開拓のパイオニアはまさに朝鮮民族であったといえる。

また、一九一〇（明治四三）年の日韓併合で日本による植民地化が朝鮮民族をさらに満州から中国内陸部へ追いやったともいえる。さらに一九二八（昭和三）年、中国共産党満州省委員会は「朝鮮人を中国国内の少数民族とみなし、革命成就の暁には延辺に朝鮮族の自治権を認める」旨の決定を行っている。一九三二（昭和七）年頃には七〇万人に近い朝鮮民族が中国に住んでいたというから、宮恵子の養父母が朝鮮民族であったというのも何ら不思議ではない。

宮恵子、父との再会

一九八四（昭和五九）年一一月二六日午前一一時、富山空港へ降り立った全日空機から、薄い水色の上着ズボン姿の宮恵子（中国名、李桂淑）がゲートに現れた。この日、富山空港には家族・親戚・同級生ら五〇人が「熱烈歓迎」の横断幕や日中両国の小旗を手に恵子を出迎えた。

第二次大戦後、初めて父と再会を果たした恵子、父はいたわるように恵子の肩をたたき、二人とも一瞬言葉を失ったまま目に涙を浮かべていた。

恵子の父・長真は中国・牡丹江省で別れ別れになった妻子と再会できず、前述したような抑留を経て、故郷・小矢部に帰国、満州に残してきた妻子が死亡したものと信じて再婚、すでに新しい家族を築いていた。戦後四〇年近くを

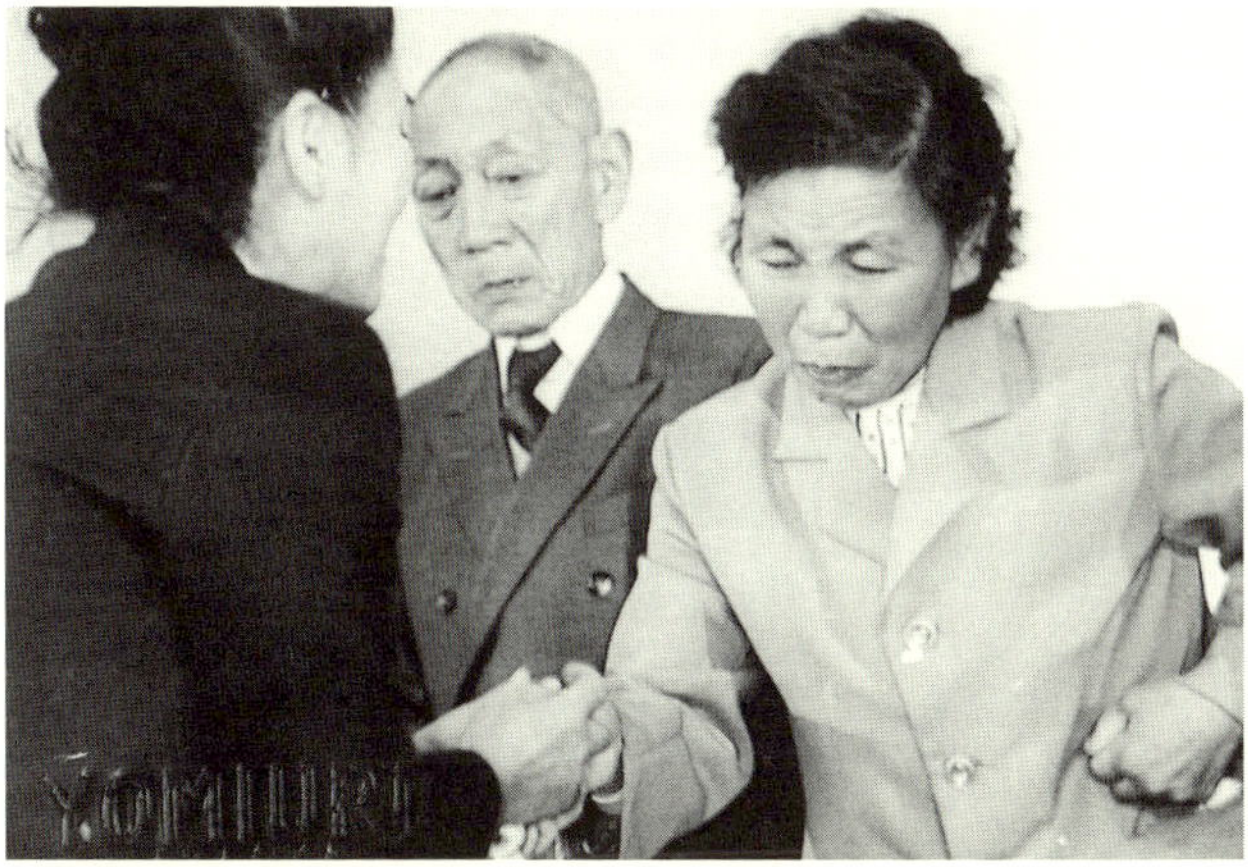
涙ぐむ恵子、左が父・長真

恵子、小矢部の故郷へ一時帰国

経ての我が子との再会に長真は喜びを表現する余裕もなく、ただただ戸惑いと緊張の中にあった。泣き崩れる恵子を横に父・長真は「里帰りしました日本名・恵子でございます。御協力いただいて、一時帰国させていただいた中国の皆々様にも厚く御礼申し上げます。本当にありがとうございました」と言葉少なに挨拶をした。恵子をみて同級生達は「昔の面影はないが、子どもの頃、一緒に遊戯をしたことを覚えている」と涙ぐんだ。

富山空港から懐かしい故郷、小矢部の実家に着いた恵子をおよそ一五〇人の地元の人たちが小旗を振ってあたたかく迎えた。筆者は当時、記者として恵子の実家で取材にあたったが、恵子は実家の門をくぐりながら誰彼となく握手し、流れる涙を拭おうともせず故郷への第一歩を踏みしめた。

恵子の実家は正因寺という寺号があるだけに、玄関から入るとすぐに大広間がある。その場所で、一時帰国に尽力した小矢部市島、乗永寺の松永公英住職らが読経し、恵子は実母・豊子や妹らの法名が書かれた仏壇に向かって手を合わせ焼香した。宮家では恵子や妹もすでに中国で亡くなったと信じていたのである。

四〇年ぶりの故郷はあまりにも多くの年月が過ぎていたようだ。恵子は中国へ渡る直前の小学一年の時の写真を見せられてもすぐには記憶を取り戻せず、また、自宅周辺の様子も「よく覚えていない」と話した。

朝鮮語しか話せない恵子と長真とが気持ちを伝え合うのはなかなか難しかったが、宮家の家族や親戚の人たちの心あたたまる大歓迎に、恵子はうれしさを隠しきれないようだった。

一九四五（昭和二〇）年のソ連軍参戦時、恵子の父、宮長真は関東軍第一国境守備隊司令部主計少佐

という立場にあった。満州には当時、国境守備隊が一五あり、第一国境守備隊が東寧地区担当であった。これら一五の守備隊はいずれもソ連と対峙しており、強大なソ連軍に正面から向かい合うという重要な任務を帯びていたのである。

宮明子の一時帰国

厚生省（当時）による訪日調査が進み、恵子の一時帰国から三年後の一九八七（昭和六二）年五月一九日、恵子の妹の明子、中国名・張姫淑《ちょうきしゅく》も小矢部市への一時帰国を果たした。四七歳だった。明子も恵子と同じように朝鮮系住民の養父母に育てられ、結婚、中国・吉林省《きつりんしょう》図們市《ともんし》から長男の辛尚皓《しんしょうこう》を伴っての一時帰国だった。

明子は北京から中国民航機で上海を経由し、大阪空港に到着、迎えに出た親類らと列車で金沢に

小学校の同期生による歓迎会

向かい、金沢からタクシーでようやく父の待つ実家に着いた。一〇〇人を越える地区民が日の丸と五星紅旗の小旗を振って出迎える中、座敷で父と対面した。グレーの上着に身を包んだ小柄な明子は、無言のまま父・長真の肩にすがった。現場で取材にあたっていた筆者も、戦争に引き裂かれた四〇年の歳月を超えてしっかりと手を握り合う父娘を見て、涙した。

チマチョゴリで着飾った明子

一夜明けた翌日、明子は近くに住む叔父・叔母らとともに、宮のさも眠る宮家の墓に向かい、涙で顔をくしゃくしゃにしながら、墓前にひざまずいた。この時の筆者のインタビューに答えてくれた明子の言葉を今も思い出す。

「小さい時に故郷《ふるさと》を離れ、こうしてまた四〇数年ぶりに、故国の土を踏んでみると本当にもう何ともいい表わせないような現在の心境です」。

青々とした田園風景の中に立つ宮家の墓に向かって明子は何度も頭を下げた。明子の頬を柔らかな小矢部の風が撫でる。三歳の時にこの故郷を離れ、四五年ぶりに帰ってきたのだ。

引用文献

（1）中見立夫ほか『満州とは何だったのか』藤原書店、二〇〇四

第四章

満州の悲劇

9.18博物館

遠因、柳条湖事件

宮恵子そして宮明子、二人の運命を変えることになる決定的な事件は、二人が松沢村に生まれる前の一九三一（昭和六）年に満州で起きた。

九月一八日夜一〇時三〇分、当時の奉天《ほうてん》、現在の遼寧省《りょうねいしょう》瀋陽《しんよう》郊外にある柳条湖《りゅうじょうこ》附近の闇の中、三人の中国人が南満州鉄道の線路に近づき、鉄道を爆破しようとした。ところが暗闇と慣れない手榴弾で線路をわずかに破壊しただけだった。しかし爆発音は闇を鋭く裂いた。

満州の鉄道が中国兵によって爆破されたという口実のもと、関東軍が南満州一帯で軍事行動を開始した。この事実関係については爆破にあたったのは関東軍で、関東軍による自作自演だったという説もある。

恵子・明子の現地取材許可が下りる前年の一九九六（平成八）年一二月、筆者はこの柳条湖の現場を訪ねた。瀋陽の中心部から北方七・五キロ、車で一五分くらい行くと、九・一八と大きく書かれたモニュメントが目に飛び込んできた。爆破された線路の脇に建っている九・一八歴史博物館である。かつて爆破された現場がこの博物館脇の線路で現在は瀋陽と長春（吉林省の省都）を結ぶ線路である。この博物館を外からカメラに収めたあと、博物館の中へ入ろうか入るまいか、随分躊躇したが、満州事変の発端となった柳条湖事件を記憶するために思い切って入場した。中には多くのパネル写真が展示してあり、中国各地からの入場者であふれていた。一枚一枚のパネル写真に見入ると、それは日本軍が当時中国各地で行った残虐行為の連続であった。私は数枚のパネルを見終わって逃げるように博物館をあとにした。博物館のすぐ近くを今は何事もなかったかのように列車が通り過ぎていく。しかし、筆者は歴史の現場に立って、あらためて日本の中国侵略の事実をみせつけられた思いだった。

満州国の建国

ところで話を柳条湖事件後に戻すと、満州国への第一歩を踏み出した関東軍は、たちまち、長春、ハルピンに進み、五ヵ月間で全満州を手中にし、翌一九三二（昭和七）年三月一日「満州国」樹立が宣言された。その元首に据えられたのが清朝最後の皇帝・溥儀《ふぎ》であった。

世界経済が危機的な状況を迎える中で、日本も農村不況が深刻で時代の閉塞感が色濃く漂っていた。それだけに満州国の建国は、国内の危機を打開する場として熱い期待が寄せられた。

中国は日本の満州支配を認めず、アメリカの支援を得て徹底した抗日戦を続けた。日本は中国との戦いを解決しないまま、新たな資源を獲得しようと東南アジアへの進出を図った。日米対立は、中国のみならず、アジア、太平洋において植民地支配をめぐる決定的対立へと発展した。

宮一家の渡満

一九四一（昭和一六）年一二月、日米開戦、その翌年一九四二（昭和一七）年、宮恵子六歳の時、母・豊子、恵子、そして三つ下の妹・明子は、父・長真が勤務していた満州国へ渡った。豊子と長真は実はともに宮家の血筋にあたり、従兄弟同士の夫婦である。つまり長真の父・長成と豊子の母・ひさが兄妹ということになる。

満州での長真

東寧街道、遠方の山はソ連領　（現・ロシア、1985・昭和60年撮影）

東寧神社跡地　（1985・昭和60年撮影）

ソ連軍の侵攻

満州の南東部、牡丹江省東寧地区は、烏蛇溝河《うだこうがわ》を境界線としてソ連領ウスリー州に接する国境地帯である。

気候は温暖湿潤で黒龍江省の最南端に位置し、東寧県にはアジア最大の日本軍地下要塞があった。この東寧要塞には三個師団・一国境守備隊から成る一〇余万人にのぼる関東軍が駐屯していた。烏蛇溝河をはさんでソ連領と向かい合う満州側の一連の丘陵群は、辺鄙な田舎町、東寧の前哨線になっていた。日本軍はこの国境沿い南北約一一〇キロ、東西約五〇キロの周囲に大規模な要塞を築いていたのである。

一九四五（昭和二〇）年、ドイツが五月八日に無条件降伏して以来、ソ連の極東における兵力は急速度で増強されていた。

一九四五（昭和二〇）年八月九日、日本が太平洋戦争に敗北するわずか六日前、ソ連は不可侵条約を破って進攻、満州国は膨大なソ連軍の圧倒的蹂躙《じゅうりん》を受ける。満州の悲劇が始まった。

当時の模様をできるだけ詳しく聞きたいと思い、筆者は二〇〇九（平成二一）年になって、あらためて北九州市に住む甲角《こうすみ》フミ子に手紙を出した。甲角とは以前、、九州東綏《とうすい》会の取材で会ったことがあった。九州東綏会は、第二次大戦時、東綏に住んでいた、主に九州出身の人の集まりである。この時、話を聞いた東寧県東綏の第一国境守備隊で事務の仕事に携わっていた木村富喜枝は、すでに故人となり、九州東綏会も数年前に解散したとのことであった。甲角からは戦後四〇年後に再び東寧の現地を訪れた時の写真や悲劇の夜の始まりについての記憶がメモのような形で送られてきた。

甲角フミ子のソ連軍進攻時の証言

川ひとつ向こうはソ連領地、官舎の前のボイラーに向かってソ連は砲撃の用意をしていました。攻撃を受けるまではのどかなところでした。軍人・軍属の官舎が建っていて、近くには郵便局・東綏司令部・三九六部隊が並んでいました。酒保（日本軍の基地・施設内に設けられていた売店に類するもの）もあり、本当にのどかなものでした。

八月九日の朝、二時か三時頃だったと思いますが、非常呼集がかかりました。東綏の将校官舎にいた私たちはあわただしく荷物をまとめ外にでたら、もうソ連軍の飛行機が上空から官舎の屋根へ爆弾を打ち込んでいました。それで私たちは、軍の弾薬庫だとか、作戦本部のある壕に避難し、急遽、駅に向かうトラックに乗せられ、とりあえず避難しました。

父・長真が非常呼集で出掛けたあと、宮恵子は母・豊子、妹・明子、そして満州で生まれた妹・知《とも》子《こ》と共に、最初は甲角らと行動を共にしていた。

ソ連軍が初めて侵攻してきた八月八日の夜、東寧県東綏の将校官舎には、宮恵子の一家をはじめお

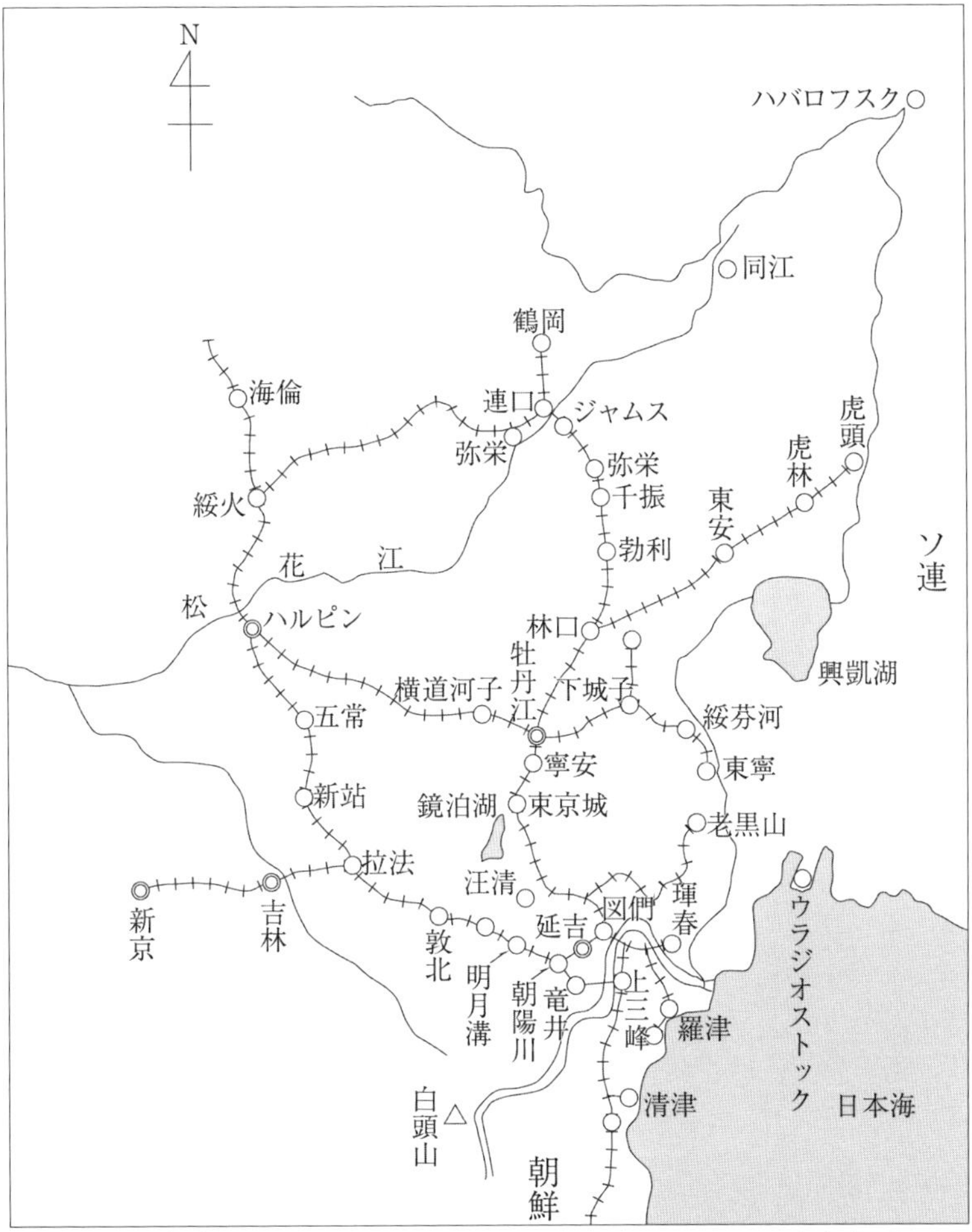

旧満州時代の東満略図　　出典：太田　正『満州に残留を命ず』草思社、1984

よそ八〇家族一三〇人の婦女子がいた。第一国境守備隊四地区の将校の家族の大部分が、東綏官舎に住んでいた。

婦女子を東寧駅まで運んだ川内功治の証言

木村や宮恵子一家など婦女子をトラックで東寧駅まで運んだという、当時、中尉で部隊長代理を務めていた川内功治は「列車が東寧駅にいると聞いてトラックで婦女子を駅まで運んだが、その列車は途中、綏陽《すいよう》で爆破され、乗っていた人は列車から飛び降り、歩いて逃げたと聞いている。この中に宮さん一家もいたのは間違いない」と証言している。

『最後の関東軍』に記された東綏の避難状況

佐藤和正『最後の関東軍』にこの東綏の様子が描かれている。川内中尉は地区隊長が留守だったため、部隊長代理として状況の把握に全力をあげながら、東綏旅団司令部全般の指揮をとっていた。将校の家族をはじめとする非戦闘員の対応にも追われていた。そうこうするうちにソ連の砲弾が官舎にも打ち込まれ、避難も急を告げた。『最後の関東軍』から引用する。

「後方とあるから、とにかく東寧方面に撤退しようじゃないか」桜井中尉がいった。「よし、そうしよう。まず家族を東寧に運ぼう、貨車を確保して、どこでもいいから後方にいってもらおう。われわれは徒歩で転進する」川内中尉が断をくだした。ただちに転進の準備がはじめられ、部隊に残っているトラックが全部集められた。「トラックは家族の撤退用だ。急げ！」敵の砲撃の合い間を縫って、家族全員を陣地から出した。主婦たちは疲労と心痛でグッタリとなって声も出ない。目だけがギラギラ光っていた。[1]

結局、これら東綏官舎の将校家族や非戦闘員が乗った貨車が避難途中で爆破されたことになる。逃げ遅れ木の枝に首をつり、自ら命を絶っていった人たちの林の中を、甲角フミ子らは走りながら逃げた。

甲角フミ子の避難状況についての証言

八月九日、突然の発砲とともに戦場となり、家族全員が東寧駅まで送ってもらいましたが、途中明け方、綏陽で攻撃にあい、山中をさまよい歩き、川を渡ったり、山の中では人の足跡をたどって逃げました。山ではお産をしたお母さんが赤ちゃんを軍足の中に入れて持ち歩き、ついには亡くなった赤ちゃんを土の中におさめた人もいましたし、ある人のお母さんは川の流れの早いところを渡る時、流されてわからなくなったこともありました。終戦を知ったのは九月が終わる頃で、兵隊さんたちが集合したところに出会い、終戦を知りましたが、なす術もありませんでした。兵隊さんの中には、軍刀で腹を切ったり、二人で刺しあったりして、とても見ておれませんでした。

甲角フミ子が見た最後の宮一家

甲角はこの避難の途中、宮恵子・明子の姉妹が母と一緒にいる現場に遭遇した。甲角が走りながら逃げた山道にはソ連軍によって殺された死体がいくつもあった。ぬかるみの中にも沢山の人が死んでいた。この山道の脇で宮恵子と明子が横になって眠り、そばに母・豊子がいた。甲角は母・豊子に対し「奥さん、一緒に行きましょうよ」と声をかけたところ、豊子は「体のこともあり、一息入れてからいきますので、どうぞ先に行ってください」と答えたという。恵子・明子の姉妹は頭巾を頭に被っていた。甲角が宮一家にあったのはこれが最後であった。

その後、広大な満州の山中をどのように、どの方向へ向かって恵子・明子は母・豊子と避難したのか、筆者は二人に満州の地図を広げながら少しずつ記憶を呼び起こしてもらおうと何度か尋ねた。もちろんまだ幼かったこともあるし、地名もわからない山中での記憶はおぼろげだった。

恵子の記憶――知子を山中に

山の中を三人で歩いたのを憶えています。どこだったか全くわかりません。食べ物もなく山の中を歩き、木の葉や実を食べたりしました。水がなくて、道の水溜りの水を飲んだこともありました。

山の中では苦労しました。本当に大変な苦労をしました。食べ物はなかったし、一番下の妹の知子は歩けなかったので、林の中の道の所に横たえて、道といっても細い道ですが、そこに横にさせました。そして私たちは母と明子と私と三人でまた山の中を歩いて逃げました。山を登っていくと、そこで何とか一軒の家をみつけることが出来ました。その家で、お母さんは、子供を産みました。

だけど赤ちゃんは亡くなりました。お母さんも赤ちゃんを産んでから病気になってしまいました。その家の人たちは、私たちに何か食べ物をくれました。そして女の人に連れられ、私たちは英山村へいったのです。その家の人ではなく、英山村から来た人に連れられて行きました。

何日かしてから母は亡くなりました。産後の処置が悪かったのでしょう。とにかく私たちは食べ物もなく、歩くこともできなかったのです。食べるものもなく、もう本当に震えながら、はいまわっていました。そして母親が亡くなってから、私と妹は、別々に暮すことになりました。母が亡くなった時、私は何を言ったのか思い出すことが出来ません。そこにいた英山村の人にお父さんはどういう人だったかを話していたと思います。母は英山村のある人に、父はどこの軍隊で名前は何というかを話した後、亡くなったということです。また母は、亡くなる前私たちに「お前たちは気をつけて幸せに暮らすんだよ」と言って亡くなりました。私は、泣いてばかりいたことしか覚えていません。母のお墓のこともよくわからないのです。私を連れて来た人が母を「どこかに葬った」と言っていたようです。妹も私も別々の家を転々とし本当に苦労しました。親の墓も知らずにここまで育って来ました

これまでの恵子の話を総合すると、甲角らと別れたあと、母・豊子は恵子・明子・知子の三人の子どもを連れて東寧からルートは不明だが、いくつもの山を越え逃げ続けた。豊子は次の子を身ごもっていたので、この避難はさらに困難を極めた。場所は全くわからないが、三番目の幼い知子は多分歩けないくらいに疲労したためか、一緒に連れて逃げるのは不可能と豊子は判断したのだろう。眠っている知子を置いて、歩ける恵子・明子だけを連れて逃げたということになる。この時の母・豊子の気持ちを思うと全くいたたまれない気持ちになる。さらに英山村の近くで豊子は出産するが、最悪の環境と最悪の体調における出産で、母・豊子も赤ちゃんも亡くなったということになる。

それにしても避難を始めた東寧から辿り着いたと思われる英山村までの距離は満州の地図を調べてみると尋常な距離ではない。また、おそらく道なき道の山中である。どこへ向かっていたのか、恵子に聞いても方角は記憶がないという。地図をみながら筆者が推測するに、母・豊子はソ連国境からできるだけ遠い牡丹江省の省都、牡丹江市あたりをめざしていたような気がするが、これもあくまで推測である。

豊子から子どもを託された中島三郎の証言

ただ、避難の途中、豊子・恵子・明子に会ったという人が一人いた。すでに故人となった、当時第三軍司令部歩兵第二七三連隊所属で富山県西砺波郡福光町出身の中島三郎だった。生前、筆者が中島に会った時、「何か満州の警察教習所みたいなところで三人を見かけた。お母さんが病気のようで、恵子が水で冷やしたタオルをもっていったり、明子と協力しながらお母さんの看病にあたっていた。非常にけなげで感動し、何とか助けてあげたいと思ったが、どうにもならず、持っていた缶詰を全部あげてきた。その時、同じ富山県の出身と知り、病気の母の口から、『石動の小神《おこ》の宮という者だけど、私はもう自分の体のことはわかっているから子どもを連れて逃げてくれないか』と頼まれた。あまりに悲惨で涙が出たが、どうにもできない、わしら関東軍に腹が立った」と話していた。ただ、中島にもそこが何というところだったか、わからないということだった。

姉妹別離後の恵子

恵子・明子は母が亡くなったあと、牡丹江市と当時の東京城《とんきんじょう》のほぼ中間にあたる山村、英山村へ連れられていく。

李英淑と夫（英山村にて）

恵子と明子は別々に引き離され、英山村を中心に何人かの養父母の間を転々とする。二人は日本人の子として揶揄《やゆ》されることを恐れ、二人だけで会うことを避けていたのだ。

恵子は三〇近くの養父母の間を転々としながら、ようやく落ち着いたのが英山村の李一家であった。そこにはすでに李の養子として育てられていた中国人の李英淑《りえいしゅく》がいた。恵子はこの人を姉と慕い、李英淑も実の妹のように恵子を可愛いがってくれた。

夜間学校へ通う英山村での恵子の生活の記憶

母がいなくて人の家で育てられることは、本当に悲しかったのです。幼かったということもありますが、誰かがやさしくしてくれたとしてもただ悲しいだけでした。

そうですね。学校にも行きませんでした。学校の門の前にも行きません。でも昼は仕事をして、夜は学校に行きました。夜間学校だから夕飯を食べてから学校へ行って勉強しました。明子は、昼学校へ行ってました。私の行っている夜間学校は、その村でつくっている学校で一年から三年までありました。そこでは十分勉強することができて、小学校位の読み書きができるようになりました。卒業証書ももらいました。私の家の人は、私が昼働いたので、夜学校へ行くことを許してくれました。学校では朝鮮語を習いました。

お母さんが亡くなってその家へ行った時は、朝鮮語を知らなくて、日本語しかできなかったのです。どこかの家で朝鮮語を習いはじめていました。朝鮮語がわかるようになってから少しずつ友達ができるようになり生活もできるようになりました。

終戦と引き揚げ、置き去りにされた姉妹

一九四五(昭和二〇)年八月一五日、日本は連合国軍に無条件降伏、満州国は、一気に崩壊への道を進む。満州国皇帝・溥儀《ふぎ》にとってわずか一三年の夢だった。満州と初めて関わりを持ち始めた日清戦争から満州帝国が崩壊するまで、丁度半世紀が過ぎた。この間、中国の大地で多くの中国人・朝鮮人・ロシア人、そして日本人が亡くなった。太平洋戦争中、満州を中心とする中国で死亡した日本人だけでも七〇万人を超えている。日本は敗れ、日本人は逃げるようにして中国を去った。

一九四五(昭和二〇)年から、一九五三(昭和二八)年頃まで、興安丸《こうあんまる》などが、日本と中国の間を往復し、引揚者を運んだ。厚生省(当時)引揚援護局未帰還調査部は一九五三(昭和二八)年頃から、未帰還者について調査を始めた。

しかし、恵子・明子はまだ中国に置き去りにされたままだった。

引用文献

(1) 佐藤和正『最後の関東軍』サンケイ出版、一九八六

第五章　中国残留孤児の永住帰国と葛藤

日中国交正常化と中国残留孤児の調査

一九七二（昭和四七）年九月二九日、劇的な日中国交正常化調印。この時をとらえて、満州に置き去りにされた残留孤児の肉親捜しが始まった。敗戦時、中国東北地区（旧満州）に住んでいた日本人の数は、およそ一五五万人、そのうち軍人がおよそ六〇万人だった。この中で生きて祖国へ引き揚げた人の数はあわせて一二七万人、亡くなった人がおよそ二五万人、そのことから考えれば、取り残された幼児が一万人以上いたとしても何ら不思議でない。

一九八一（昭和五六）年から始まった中国残留孤児の訪日調査において厚生省（当時）が調査対象とした日本人孤児（終戦当時一三歳未満のもの）は、中国から依頼のあった一六一五人と厚生省の訪中調査であらたに判明した約五〇〇人を加えた約二一〇〇人であった。

明子の出現と中国での暮らしの一端

一九八七（昭和六二）年、中国残留孤児の肉親探しで、恵子の妹・明子は日本のテレビ画面に突然現れた。厚生省調査団の現地調査によるビデオ撮影で、明子はカメラに向かってふりしぼるような声で肉親を探して呼びかけた。「アキコ」「アキコ」、自らの名前を叫びながら父が軍人であったこと、姉と別々に中国の朝鮮人家族に育てられたことを朝鮮語で語った。

明子が厚生省調査団に語った記録によると、ソ連参戦後、母に連れられ、数日間さまよった後、黒龍江省寧安県石頭村《ねいあんけんせきとうそん》で母は病死し、姉と本人は、朝鮮人の家に引き取られたという。他に妹がいてどうなったかわからないという記述もある。養父の名は張成基《ちょうせいき》で一九五九（昭和三四）年に死亡、養母は李粉女《りふんじょ》で一九六〇年代に死亡となっている。農民であったこの養父母に引き取られた場所は寧安県寧《ねい》山村《ざんむら》となっている。厚生省（当時）が中国・長春市で行った明子への聞き取り調査では、名前は「アキコ」で父は軍人だったという記憶を明子は証言している。これらの情報は明子の養父・張成基の兄である張永学が明子の母、豊子が亡くなる時に立ち会っていた中国人から聞き、明子に伝えていたらしい。

明子は母が亡くなったあと、朝鮮民族の家に引き取られたが、牡丹江をはじめ、いくつかの朝鮮民族の家を転々とし、結局八番めにあたる張成基の家で育てられた。明子はこの家で義兄の子どもの子守をしたり、水汲みや牛・豚など家畜の世話をしながら育った。

宮明子、中国名・張姫淑《ちょうきしゅく》も恵子と同じように、一九八七（昭和六二）年の一時帰国を挟み、半世紀を越えて祖国への終わりなき旅を続けてきた。

明子は筆者が訪ねた一九九七（平成九）年当時、北朝鮮―朝鮮民主主義人民共和国―との国境の町、中国・吉林省図們市石峴《きつりんしょうともんしせっけん》に住んでいた。

かつて日本兵のシベリア抑留の中継基地となり、満州では、最も多くの日本人が亡くなった所である延辺《えんぺん》朝鮮族自治州の州都・延吉《えんきち》。延吉は、北朝鮮との国境に近く、かつて間島省の省都であったが、戦前、満州国ができてからは中国人・朝鮮人・日本人が入り混じって生活していたところである。筆者は明子に会う前の夜、この延吉のホテルに宿泊した。

延吉の悲劇

この延吉の悲惨さについては太田正が『満州に残留を命ず』に記述しているが、これを読むと筆者も涙があふれ、耐えることができなかった。その一部を紹介する。

終戦からひと月たち、九月半ばになっても、各地から延吉へ連行されてくる部隊や、自力でたどりついてくる難民は、あとを絶たなかった。難民の団体は、しだいに小人数になる傾向があったが、たずねてみると、びっくりするほど遠方からのひとたちになっていた。北満の佳木斯《ジャムス》付近からも来た。これらは冬が来る前に一歩でも南下しようとする人たちだった。南方から、三八度線の壁に絶望した同胞が、満州へ逆流してきた。東部の居留民は、羅津《らしん》や清津《せいしん》の港が、引揚げ港にならないことを知り、少しでも南満へ近づこうとした。南満の旅順や大連の港が封鎖されて使用できないことを知った

図們市の工場街

西部の人たちのなかには、日本海側の港に望みをかけて、東へ移動しようとする動きもあった。東へ、西へ、また南へ、北へ――。あてもない引揚げ港を求めてさまよい歩く同胞難民は、行く先々で暴徒に迫害されては逃げまどい、あげくの果て、どこにも出口のないのを知らされたのである。こうした流亡の民の、大きな吹きだまりの一つが延吉であった。収容所へたどりつく難民の姿は、日がたつにつれて、ますます凄惨の度を深めてきた。やせ衰えたからだに海藻のようにちぎれた衣服をまとい、うつろな眼をして、よろよろと歩いてくる姿は、まるで幽鬼の葬列のようだった。門を入ったとたん、くずおれるように座りこんでしまう者があいついだ。子供の姿はほとんど見当たらなくなった。ある日、ぼろぼろの麻袋（南京袋）だけを裸身にまとった婦人たちの一団も入ってきた。袋に首と手の出る穴をあけて、さかさにかぶった人、スカート代わりに縄でしばっている人、上半身が裸の人は、むしろやこもをかぶっていた。迎えにでた一同は、同胞の悲惨な姿を正視するに忍びなく、言い合わせたように眼を伏せて、涙を流した。敗戦とは、無条件降伏とは、つらいものである。内地よりは外地において。

明子の住む図們

敗戦から五〇年余りを経て、今はハングル文字があふれ、長白山《ちょうはくざん》への登山口となっている延吉から車で二時間余り、明子の住む図們へと向かう。

　延々と続くトウモロコシ畑や麦畑。長い冬の間、氷と雪に閉ざされた中国東北地区にもようやく春が巡っていた。鉄道沿いに残骸《ざんがい》をみせる日本軍のトーチカ（鉄筋コンクリート製の防御陣地）。

　図們江の流れを挟んで北朝鮮の青い山々が見渡せる。一見のんびりとした風景に緊張を続ける国際情勢が二重写しになる。中朝国境の町、図們に着き、筆者はやや緊張したが、目の前を流れる図們江（北朝鮮では豆満江）は拍子抜けするくらいに川幅は広くない。流れもゆったりしていて水量も多くない

延吉から図們への車中から

日本軍のトーチカ

中朝国境にて筆者

結婚してまもなくの頃の明子と夫

ので、北朝鮮からの避難民が川を渡ってくるのも納得できる。しかし、中国側から川の向こうの山々をよくみると銃砲らしきものを持った北朝鮮兵の姿が見える。やはりここは国境の町なのである。

この川には二本の橋が架かっている。上流にある鉄道橋が図們江鉄路大橋、下流の道路橋が図們大橋である。この図們大橋は丁度中間地点で赤と青に塗り分けられていて、筆者たちに近い赤の部分が中国側、青の部分が北朝鮮側で、この境目がまさに国境線ということになる。筆者は北朝鮮側をバックに通訳氏に記念写真を撮ってもらい、お土産屋さんで北朝鮮製といわれる小さな陶器を買った。この大橋付近は中朝国境の町として観光客が少しはやってくるようでお土産屋さんが幾つか軒を並べていた。

図們は人口一〇万ほどの小さな町であるが、明子の住む石硯は町の中心部から少し離れたところにある。町というより村といった感じの朝鮮族の集落を車で進んだ。

早春を告げる淡紅色の杏子《あんず》の花が咲き競う図們の村から、明子は、歴史の扉をこじ開けるようにして現れた。石造りの家から飛び出すように出てきた明子は、かたことの日本語で「よくいらっしゃいました」と私を出迎えてくれた。

明子は一二年前、夫・辛基澤《しんきたく》を病気で亡くし、今はこの石硯の村に一人住まい。時々近所に住む長男夫婦や延吉に嫁いでいる長女夫婦がやってくる。明子にとって、何よりの幸せは孫たちの相手をすることだと言う。石硯は長白山の麓から伐り出す木材を原料とする大規模な製紙工場を中心とした町で、この工場は、満州時代から紙の生産を続けている。明子も二年前までこの工場で働いていた。

明子が語る図們での暮らし

こちらに来てから製紙工場での仕事をしたんですが、それは木の皮を削る仕事です。削る機械もあってこうやって削りました。オノも使いました。機械は二人が一組になって歯を合せると歯がまわるわけです。二人が一緒になってギーコギーコやってました。押したり引いたり、とても疲れます。機械を使うと生産量が少なくなるので、オノを使ったりもしました。主人は結婚してからずっと肝硬変の病気で、入院したり退院したりしていました。そして四七歳で亡くなりました。私は子どもの頃大変苦労しましたからその時の苦労は忘れてしまいました。

こちらに来て主人と暮していた頃の苦労はそれほど感じません。

私は養父母に会えて本当に良かったと思います。そしてお兄さんがとてもいい人でした。お兄さんのお陰で色々と教育を受けることができました。人の家で育てられたので、仕事をしなくちゃいけないのは当然でしたが、でもとても感謝しています。私は本当に心から感謝しています。他の子ども達からいじめられたりもしませんでした。まわりから日本人と言われましたが、全然気になりませんでした。ただその時、何で死なないで生きているのだろうと思いました。何で死なないで生きているのだろうというのは、生活が大変だったからです。仕事も山のようにあったし、それよりも他の家の子みたいにお父さんお母さんの愛情を受けることができなかったのです。

左上が明子、右上が明子の夫、中央が義兄・張英鶴(ちょうえいかく)

明子、孫と一緒に（図們にて）

山つつじ

朝鮮語で自らの戦後を語る明子は筆者からみると暗さは全く感じられない。日焼けした顔に苦労のあとをしのばせているが、闊達《かったつ》に話す明子のたくましさに心打たれた。

すでに長女の辛順浩《しんじゅんこう》は延吉に嫁ぎ、長男の辛尚浩《しんしょうこう》には可愛い女の孫もいる。明子はこの孫が自分の子どもより可愛いといつも本を読んだり、一緒に散歩をしたりするのだという。インタビューを終えてから、明子は孫を連れて近くの市場へ買い物に出た。市場といっても日本のフリーマーケットのような感じの店が並び、野菜や日用品を売っている。明子は一人暮らしだが、この日も長女が延吉から駆けつけてきた。

明子の長女・辛順浩は母が日本人だと知った時の驚きについて話した。「中国でもテレビで日本人の残留孤児の話が放送されていましたが、母がその残留孤児だったと聞いてびっくりしました。母から
その後、山に逃げて肉親を探し続けたという話を聞きましたが、故郷《ふるさと》を離れ、どれほど苦労したかと思うと涙が止まりませんでした」。

筆者が明子を訪ねた時、明子はすでに日本永住の決意を固めていたが、まだ同行を思いあぐねている長女の夫を除いて、長女も長男夫婦も母との同行を決めていた。明子の夫が葬られている小高い墓地には、つつじが強い山風に揺れていた。明子を育ててくれた養父母、そして中国の大地とも、いつかは別れざるを得ない道を、恵子に続いて明子も、選ぼうとしている。

図們にて幼き頃の長女・長男と明子

明子の母と中国への思い

日本人であるお母さんは今、中国に眠っています。私はお母さんのことを本当にかわいそうだと思っています。

子どもたちはみんな、立派に成長しました。

私はお母さんが葬られている中国に感謝しています。この中国の大地に感謝しています。

私の主人もここにおりますので、本当にこの中国の大地に、私は、感謝しています。そしてお母さんがこれからもこの大地で安らかに眠れるように願っています。

私はこの中国で五〇年間も住んでおりますし、お母さんもここにおりますので、これからどこに行こうと、お母さんのことを忘れることはありません。

恵子の永住帰国と東京での家族の生活

一九九六（平成八）年一〇月、半世紀を越える時の流れを経て、恵子は日本への永住帰国を果たした。中国人の夫、次男夫婦、三男の家族四人を伴っての日本永住である。東京の帰国者寮、常盤寮で日本語の学習に励む恵子にとって、祖国日本での新しい試練の日々が始まった。恵子一家はこの常盤寮で八ヵ月にわたって日本語の学習を続けた。中国人であり、英山村で生きてきた恵子の夫、李明《りめい》和《わ》にとっても何もかもが異郷での第一歩であった。李明和は軍隊勤務を経たあと黒龍江省寧安市の糧食局で公務員としての仕事についていたが、恵子の望みを叶えるため、日本を第二の故郷にした。

一九九七（平成九）年一月一日、恵子が日本で迎える初めてのお正月、恵子の従兄弟にあたる関口治男・昌子夫妻の家に、東京に住む親戚たちが招かれた。筆者も取材を兼ねて関口夫妻の家を訪ねた。帰国から三ヵ月、全く日本を知らなかった恵子の夫や、次男夫婦、三男たちも少し落ち着きを取り戻して来た。特に恵子の嬉しそうな安堵の表情が印象的だった。

戦時中から旧松沢村の宮家に疎開していた従兄弟の宮好則は、一九四六（昭和二一）年頃、恵子の祖母が語った言葉を今も鮮明に記憶していた。「おばあちゃんがね、私たちにはわらぐつしか履かせてくれないのに、長靴を一足だけ恵子のためにと取っておいているんだよ」宮好則は涙を正月の盃に落としながら当時を懐かしんだ。

結婚当初の恵子と李明和

恵子には故郷松沢村の正月の記憶はほとんどない。しかし親戚に囲まれて今、祖国で迎える正月をゆっくりとかみしめる。次男の妻の千順今《せんじゅんきん》もチマチョゴリで着飾って華やいでいる。

日本人・宮恵子が中国の大地で流浪の旅を始めて半世紀を越えた。今、ようやく祖国日本に新しい生活の場を求めた孤児とその子どもたちは、様々な試練に直面しながら、懸命に日本という新しい「祖国」と向き合っている。

祖国日本での厳しい自立への道。恵子の三男の虎山《こざん》は職業訓練校に入学。帰国から八ヵ月、恵子一家は常盤寮から東京品川の都営住宅に引っ越した。常盤寮での六ヵ月の猶予期間を経ていよいよ経済的にも独り立ちを迫られる。

次男、三男も日本国籍を取得、本格的な就職活動に入った。

一方、中国に生まれ、中国で育った中国人の夫・李明和、次男の妻・千順今の二人の心は、中国と日本という二つの国の間で、微妙に揺れていた。

しかし、千順今は夫と共に日本の国籍を取り、日本人として生きようとしている。「日本という国は、今、人間関係が、中国に比べて少しさびしい」と言うが、夫の母・恵子を心から尊敬している。千順今も恵子の故郷、小矢部に思いを馳せている。「小矢部はお母さんの故郷ですから、是非行ってみたい。お母さんが生まれた故郷は私の故郷でもあります」。

孤児の二世たちもその妻も日本人として生きるために必死なのだ。

中国残留邦人等帰国促進、自立支援法

戦争の混乱の中で、中国に取り残された残留孤児の問題は、今、残留孤児子女、二世から三世への時代へと移りつつある。

一九九四（平成六）年施行された「中国残留邦人帰国促進、自立支援法」により、厚生省は希望者全員を帰国させる方針を打ち出したが、帰国しても言葉の壁、就職の壁とハードルは高い。しかもこれまで後手後手だった国の対応は、残留孤児二世三世への対策がまだまだ不十分である。

帰国した恵子にとって、気がかりなのは次男や三男の就職が決まらないことと、中国に残してきた長男夫婦や孫たちのことである。

中国・黒龍江省寧安県英山村、恵子にとって英山村は一〇代、二〇代の青春から日本に永住帰国するまで人生の大部分を過ごした村であり母・豊子が近くに眠るかけがえのない大地である。

抗日戦の戦場となった英山村の名は日本との戦いの英雄・朴英山《ぼくえいざん》に由来する。

宮恵子が住んだ寧安県英山村を訪問

一九九七（平成九）年五月、筆者は図們市から車で黒龍江省寧安県に入った。車でおよそ六時間の旅

である。寧安は黒龍江省の中の大都市、牡丹江市に近い街で、北に向かって流れる牡丹江の両岸に広がっている。川の両岸は水田地帯だが、ほかは多くが森林に覆われている。寧安の南部には、牡丹江が火山噴火でせき止められた大きな天然湖、鏡泊湖がある。英山村訪問を翌日に控えて寧安の中心部にある寧安賓館というホテルに宿泊した。

このホテルはそれまでと違っておちついた感じで随分気にいった。その、夜驚いたことに寧安県の行政の担当者が筆者たちを訪ねてきてくれ、歓迎の宴をこのホテルで催してくれた。

通訳氏の力を借りながら、筆者は取材の目的を話し、日本人の孤児を戦後半世紀にわたって育ててくれた中国養父母の皆さんへのお礼も述べた。宴のフィナーレは「北国の春」の大合唱だった。中国のカラオケはよくできている。中国語はもちろん、日本語・朝鮮語、そしてロシア語でも歌えるようになっている。「北国の春」はこの北の大地でも相変わらずのヒットソングなのである。

寧安賓館を朝早く発って、恵子の第二の故郷ともいえる寧安県英山村をめざした。

村へ向かう道路は最初は舗装があり、快適であったが、次第にそれもなくなり、山道の

シラカバ

ような道路に変わっていった。通訳氏によるとこのあたりはかつての渤海国《ぼっかいこく》の遺跡があり、歴史的な観光資源も多いとのことである。渤海は建国が六九八年といわれ、満州から朝鮮半島北部、さらにロシアの沿海地方にかけて支配下にあったといわれる。高句麗滅亡後に建国され、周囲との交易も盛んで最後は契丹遼《きったんりょう》によって滅ぼされるまで約二三〇年間に渡って栄華を極めたという。水田地帯からいよいよ道は山の中をくねくねと走り、ひたすら森林地帯を駆け抜けた。

寧安の民族は漢族が主であるが、朝鮮族や満族などの民族も相当数住んでいるということで、恵子が戦後の大部分を過ごした臥龍郷英山村も朝鮮族の村である。

松林を抜けると一瞬、平野が広がった。世帯数が三〇〇、人口一二〇〇人という英山村へ到着した。村の子どもたちが筆者たちのまわりに集まってくる。早速、宮恵子がかつて住んでいた家へ案

恵子が育った英山村

内してもらったが、英山村に全く似つかわしくないモダンというべきか、赤・黄・青などカラフルな色が屋根や壁に施されている家が一軒だけある。ここが宮恵子の家で、恵子が帰国する数年前に建てたということだが、今は長男夫婦がこの家を守っている。筆者たちが恵子の家に入ると早くも村の青年団や長老が集まってきて、時ならぬ歓迎の宴が始まった。中国はどこにいっても客人に対し、こうして大歓迎の宴を開いてくれる。恵子の親戚にあたる数人が山の幸や野菜を並べ、とっておきのお酒を注いでくれる。聞けばこのお酒はこのあたりの山々で採れるマツタケを使った珍しい酒とのことであるが、このお酒は舌がしびれるくらいに強い。乾杯を繰り返し、ふらふらしながら英山村での取材に入った。すでに恵子は次男夫婦と三男を連れて日本に永住帰国したあとだったが、取材目的は二つあった。ひとつは恵子が姉のように慕っていた李英淑《りえいしゅく》に会うこと、もうひとつはまだ英山村に残っている恵子の長男夫婦に会うことだった。

恵子の義姉、李英淑の李家の母と恵子への思い

筆者はまず恵子が姉と慕っていた李英淑に会った。李英淑は恵子が李家に来た時のことをゆっくりと語り始めた。

恵子はお母さんが亡くなって、どこにも行く所がありませんでした。李家にきた時は、それこ

帰国するまで恵子が住んでいた英山村の自宅にて（2列目中央が恵子、その左が明子、右が恵子の夫）

そ本当にみすぼらしい格好でした。夜にはよく蚊に刺されたりしていましたし、他の人の家に行っても何度も追い出されました。

　李家に来た時に、李家のお母さんが、恵子を引きとろうとすると、周囲の人達が「どうして引きとるのか」と反対しました。お母さんは「人間としての命があるから、当然だ」と言って引きとったのです。本当に着ている物もみすぼらしかったので、それを全部脱がせて、私の服を着せてあげたのです。昔は、薬も何もなかったので、水の中に動物の骨を入れ、じっくり煮て、そのお湯で体を洗ったり、又塩水で洗ったりすると体はよくなっていきました。

　そして、一八歳の頃に恵子を嫁に出してから、李家のお母さんは亡くなりました。李家のお母さんがもし恵子を受け入れていなかったら、恵子は亡くなっていたでしょう。


李英淑の話は筆者にとって衝撃的だった。敵国の子どもを引き取って育てるなどということは至難なことだ。当時、孤児を引き取って育てた養父母たちは少なからず、李家の母と同じ思いを持った人たちであったのだろう。

李英淑は筆者たちに思いを託すかのように恵子に向かって語りかけた。


　日本にいる恵子さん、私は本当に涙が出てきます。

　昔、私達が幼かった時は、お互いに心が通じていたかどうかはわかりませんが、このようにあなたを見送ったあとは、本当にさみしい気持ちです。

どうか元気でいて下さい。お互いに子どもたちが成功するのを祈るばかりです。

私は、今はもう七〇歳、これからの人生は、いつまで生きれるかわかりません。

これから会えるかどうかもわかりません。

あなたは一度会いに来ると、手紙でもそう言っていますが、でもそれがいつになるか、私がそれまで生きているかどうかもわかりません。


朝鮮語でゆっくりと恵子を想いながら語る李英淑の顔にはいつか涙が滲んでいた。恵子はこの義理の姉が一緒にいてくれたからこそ、辛く悲しい日々を少しでも耐えしのぶことができたのであろう。村にある小さな公園の大木に座った李英淑は子供の頃から歌い続けてきた懐かしい歌を唄いだした。

私が住んでいる故郷《ふるさと》は
花咲く山の奥
桃の花、杏子の花、山つつじ
色とりどりの花の宮殿のある村
その中で遊んでいた時がなつかしい

桃の花

恵子の長男・李虎龍の祖国中国と中国の地に眠る祖母への思い

恵子の長男・李虎龍《りこりゅう》は、恵子が次男夫婦と三男を伴って帰国したあとも、かって恵子がそうであったようにひたすら農作業に励みながら母の国・日本へ渡る準備を進めていた。

それほど高度はないが、英山村を囲むように青々と連なる山々を背に李虎龍は、農作業の手をとめて、複雑な今の気持ちを語ってくれた。

ここで生まれたので私の祖国は中国です。中国が私の祖国です。去年、両親と弟たちが日本に行きました。私は行きたかったが、手続きが出来なくて行けませんでした。私も両親に会いたいし、日本で生活したい。両親と一緒に日本で住みたいと思っています。

おばあさん（筆者注：恵子の母・豊子）が、亡くなったのはこの近くだと聞いているが、おばあさんは、この近くの山に眠っているのでしょうね。母から聞いているのでは、この近くじゃないかと思います。

多分、あの山の方だと思います。あの山のどこかにおばあさんが、ひょっとしたら眠っているかも知れないですね。母にもわからないでしょう。その当時は小さかったし戦争であちこち行ってましたから、わからないと思います。

一九七二（昭和四七）年、日中の国交が正常化されてから中国残留孤児の帰国が開始された。孤児たちはそれぞれ異なった様々な生い立ちを持っている。しかし、一つの共通点を持っている。その共通点とは、血の繋《つな》がりのある祖国すなわち日本と、自分を育くんでくれた祖国すなわち中国という二つの祖国を持っていることである。

そうした残留孤児も時代と共に、高齢化し、今、残留孤児二世と家庭を持った若い中国人たちが、日本人として生きる道を選びながら祖国中国で日本へ渡る日を待っている。

第六章

恵子・明子、故郷にて

恵子の家族、長男夫婦も日本へ

明子の長男夫婦・孫と一緒に

移住したそれぞれの家族

恵子の永住帰国に同行できなかった長男の李虎龍は、二年後の一九九八（平成一〇）年夏、妻・李鉄《りてつ》花《か》と娘を伴って母のもとに移り住んだ。

同年一二月、長男の辛尚浩《しんしょうこう》、長男の妻・李蓮子《りれんし》、それに可愛い孫一人とともに日本に永住帰国をした宮明子は、恵子と同じように常盤寮で一家あげての日本語の学習を八ヵ月間行ったあと、東京・荒川区の都営住宅に落ち着いた。

品川区に住む恵子を訪ねる

私は誰なのか、夢にみた故郷《ふるさと》、もしや肉親に会えるのではとの期待を胸に祖国の土を踏んだ残留孤児たち。

恵子・明子が祖国へ永住帰国してからおよそ一〇年の月日が流れた。久しぶりだったが、筆者は、二〇〇八（平成二〇）年七月三一日、連日三〇度を越える日々が続く真夏の東京に二人を訪ねた。

品川区に住む恵子は、大崎駅から歩いて五分の都営住宅に暮らしている。一九九八（平成一〇）年、恵子が常盤寮からここへ引っ越した時、筆者も取材で一度寄せてもらっただけに都営住宅の場所は記

恵子と夫の李明和

恵子（東京の自宅にて）

憶にあった。四階にある「宮」という表札を見つけた。一〇年前に筆者の目の前で厚紙にマジックペンで「宮」と書いたあの時の表札がそのまま残っている。恵子のあの時のうれしそうな表情が浮かんできた。そういえばあの時、カメラマンも筆者も、恵子がこの表札を入り口に掲げた時に二人で拍手を送ったような気がする。

インターホンを押す間もなく、恵子はこの一〇年、全く変わらない若さと表情で筆者の前に現れた。「全くお変わりないですね」思わず言葉が出た。玄関から部屋へ通された。すぐに夫の李明和《りめいわ》が現れた。足が不自由なようだ。数年前より、髪の毛が少し白くなっていたが、おだやかな表情はさらにふっくらとなって筆者を歓迎してくれた。

「二年前に実は脳梗塞になりましたね。幸い軽くて、今、リハビリに通っているんですよ」李明和の話す日本語は一〇年の歳月を経て、努力のあとを窺わせるように、極めて明瞭であった。確かに歩くには杖も必要だし、外出もままならないが、一週間に二度、品川区の在宅支援センターでリハビリを受けているという。それにしても恵子は日本に永住帰国してから時が止まったように若い。七二歳になるのに全く年齢を感じさせない。

久しぶりの挨拶もそこそこに、筆者は気になっていた恵子の子息のことについて尋ねた。恵子たちから二年遅れて日本にやってきた長男の李虎龍はすでに日本国籍を取得し、宮龍太郎として東京の電気関係の仕事についている。妻の李鉄花はまだ日本国籍ではないが、会社員となって夫を支え、二人の娘、麗子はもう二〇歳の成人になり、働き出したということである。一九九六（平成八）年、恵子と一緒に日本にきた次男夫婦、李虎哲は宮哲夫として、中国人の妻・千順今は宮麻衣子として共に日本国籍を取得、すでに三人の子どもがいるという。筆者が一九九七（平成九）年に関口家で次男の宮哲夫に会った時、カナダへ行き貿易をやりたいと言っていた。恵子によると、彼の言葉どおり、一年間カナダで英語を学び、今は日本の貿易会社で活躍しているとのことである。同じく一九九六（平成八）年、日本の職業訓練校で技術の習得に努めていた三男の李虎山《りこざん》は宮虎山の日本国籍を取得し、川崎市の電気工場で元気に働いている。虎山は、母・恵子の育った、そして虎山にとっても故郷である英山村から妻を迎えていた。驚いたことに虎山の妻、愛希美（日本国籍を取得）は、恵子が姉として慕い、恵子を可愛がってくれた英山村の義姉・李英淑《りえいしゅく》の孫にあたるという。

「子どもたちの幸せが一番です」と言っていた恵子は、自分を育ててくれた英山村を一日も忘れることなく、第二の故郷、中国・英山村との絆を大事にしていた。

日本に帰国した時は自ら話すどころか、言葉の意味もなかなか理解出来なかった日本語を恵子は言葉巧みに語りかけてくる。「恵子さんはもう日本語に不自由はしないようですね」と言うと、「ええ、日本語は歌で覚えました。日本の歌の歌詞を見ながら、言葉を覚えました」と言いながら、奥の部屋から一冊のノートを取り出してきた。やや古びたそのノートを見てさらに驚いた。ページ毎にびっしりと歌手名、曲名、レーザーカラオケの番号が並んでいる。ノート一冊が埋まるくらいに書き込んである。歌手名は筆者もよく知っている天童よしみ、牧村美枝子、石川さゆり、都はるみ、田川寿美、石原詢子、数えれば数十人にのぼるだろう。日本の代表的な演歌歌手が恵子の字で書き込んである。筆者は半ば唖然とした。「恵子さん、ここに書いてある演歌は全部唄えるんですか」と聞くと、「日本語の練習に歌詞カードを見ながら唄ってきました。大体唄えます」との返事を聞いて、何事も苦労しながら納得するまでやりとげてきた恵子の半生を思った。

　たかがカラオケと筆者たちが思っても必死に取り組んできたのだろう。一九九八（平成一〇）年の正月、関口家で親戚や子どもたちをまえに、透き通るような張りのある声で恵子が唄った「アリラン」が甦る。恵子によれば、子どもたちが独立していき、李明和と二人だけの生活になってから品川区のお年寄りが集まるシルバーセンターへ顔を出した。センターで少しずつ友だちができたことが何よりうれしかったという。その友だちのグループのひとつに歌が好きな人が集まるグループがあった。そこで恵子は歌を覚え、日本語を覚え、カラオケに行く楽しみも知ったというのである。

（向井）「カラオケってどこのカラオケへいくんですか」

（恵子）「東京はどこへ行ってもカラオケはありますよ。私はよく五反田のカラオケへいきます」

　恵子と話しているうちに筆者は不思議な感情に襲われた。中国・黒龍江省の山裾で生きるために毎日を必死に生き抜いてきた恵子が、東京のど真ん中で今、カラオケを楽しんでいる。何とも筆者にはこの時の流れ、現実がすぐに呑み込めなかった。

「恵子さん、その五反田のカラオケへ連れていってくれませんか」と筆者は思い切って恵子を誘ってみた。「はいはい、行きましょう。行きましょう」と言う。「でもご主人も一緒ならいいですね」というと李明和は「いや、私は足が不自由だから行きません。どうぞ行ってきてください」と言う。

　五反田の駅前は人の波が行きかう雑踏であった。その駅前にいくつかのカラオケハウスが確かに並んでいる。その中のひとつ「歌広場」に入った筆者は、恵子が手馴れた感じでマイクや歌詞カードを扱うのには感心してしまった。「さあ、向井さん、好きな曲を入れてください。次に私が歌いますから、まず一曲唄ってくださいよ」と言いながら恵子は例のノートをどこからか取り出し、早速、選曲を始めた。筆者は恵子の手際よさに押されるように都はるみの曲を唄い始めた。カラオケは嫌いではないが、一年に何度か唄う程度である。ましてカラオケハウスなどへは一〇年以上、出かけた記憶はない。恵子は唄う歌を決めたらしくもうリモートで次曲リストを登録している。三船和子や二葉百合子、新しい歌も古い演歌も恵子にとってはもう自由自在である。マイクをしっかりと握り、こぶしを利かせながら恵子は丁寧に一曲、一曲を唄いこなしていく。「うまいですね。今度は一曲一緒に唄いませんか」と筆者は恵子のノートに書かれていた美空ひばりの「港町十三番地」をリクエストした。昭

カラオケで唄う恵子

和を代表する美空ひばり、いや日本を代表する歌手といっていい美空ひばりの名前も満州で戦後の半世紀を過ごした恵子にとってそれほど馴染みのある歌手ではないかもしれない。軽快なテンポで恵子と筆者はメロディにのった。何と屈託のない恵子の表情であろうか。これまでの語れないような悲惨な運命・苦労・悲しみを微塵も感じさせない目の前の恵子をみて、かける言葉が見つからなかった。恵子が唄う演歌の歌詞には夢があり、恋があり、川があり、山があり、そして故郷が現れる。これらの言葉とどう向き合いながらこうして屈託なく唄い続けることができるのであろうか。あっという間にフロントで予約した一時間が過ぎていった。

一九九六（平成八）年、永住帰国したばかりの常盤寮で恵子が通訳を通して話してくれた言葉の一つひとつを、筆者は恵子の歌声にオーバーラップさせていた。

恵子の母・妹・叔母・故郷への思いと記憶

当時のことを今思い出そうと思えば、もちろん思い出せます。

その時の話をすると私はただ、涙が出るばかりです。

一番悲しかったのは、戦争の時です。お母さんと一緒だった時、食べ物がなかったし、妹を山道において来たことを思い出します。そして、お母さんが亡くなったことです。下の妹を誰かがひろっていたら、元気でいるだろうか、亡くなっているかも知れませんし生きているかも知れま

故郷・小矢部での墓参り、右端が恵子、その横が明子

恵子・明子の叔母、岩城益子

せん。

日本に帰ろうと思ったことはありますが、どうすればいいのかわからなかったし、どうすれば帰れるのか誰も何も教えてくれませんでした。ただ日本に帰れるかも知れないという希望は持っていました。中国にいた時、富山県の小矢部に対して、昔の記憶とかはありました。小矢部にいた頃、私は小さかったんですが、おじいさんと一緒に手をつないでいたことや、その家がどんな風になっていたかも思い出していました。日本に来て今は幸せです。本当に幸せです。中国にいた時は、いつも祖国日本のことを心に思っていました。

いつ帰れるんだろうといつも考えていました。日本について思わなかったことはありませんでした。今の希望・夢といえば、私は日本に帰ってこれたので、これからは日本で仕事をしながら幸せに暮らしていきたいと思っています。

母の妹、私の叔母（筆者注：岩城益子）さんは、私にとってお母さんと同じ存在だと思っています。叔母さんはもう本当に私にとってお母さんと同じだと心から思っています。この叔母さんがいなかったら、私はこのように何とか日本に帰ってくることはできなかったと思います。

叔母さんは、本当に私たちのことをよく考えてくれています。叔母さんは、お母さんが娘に対するような態度です。叔母さんと私と二人で話をしている時など、お母さんのことを考えながら、二人で抱きあって泣きました。「おまえのお母さんが、今一緒だったらどんなにいいかしら、お前は私の娘のようだ」と言ってくれましたし、私たちは、その時も泣いていました。小矢部に行った時に、お母さんの墓に行って墓参りをしましたが、その時、お母さんにこう報告しました。私たちはようやく日本に帰って来ました。お母さんに向かって私たちは、お母さんの前で考えながら言う言葉もみつからず、ただお母さんのことを今も考えておりますと、お母さんに報告しました。

恵子・明子の叔母、つまり母・豊子の妹にあたる岩城益子は二人にとって大きな心の支えである。恵子と一緒に東京・杉並の家で会った岩城益子の言葉を筆者は忘れることはできない。「絶望的な気持ちの中で死んでいった姉を思うといたたまれないんです。しかし、その母親の真心でこの二人はこうやって立派に成長したのです」。

叔母の岩城益子に会うようになってから、恵子の松沢村での記憶が少しずつ甦ってきたようだ。

恵子の松沢村の記憶

私の記憶に残っているのは家です。おじいさんとかおばあさんのことも覚えています。お父さんの家の横は公園でしょう。公園の道を行ったりきたりしたのは覚えています。

筆者が「小学校へ行った時、よく歌を唄ったのではないですか」と水を向けると恵子は「あんまり覚えていませんが、夕やけこやけはちょっと覚えています」と言う。「夕やけこやけで日が暮れて…」と唄いだした。しかしすぐに、メロディはわかるのだが、言葉がわからないという。

かつての正因寺公園付近

左から２人目が母・豊子、右端が岩城益子

恵子・明子の叔母、岩城益子の証言

筆者は姉妹の叔母にあたる岩城益子にかねてから疑問に思っていたことについて思い切って尋ねてみた。「恵子・明子の姉妹の下に妹がいたと聞いているのですが」

これに対して益子は「私が聞いておりますのは、当時、中国の地区の責任者の方が三番目の知子ちゃんをおんぶして連れていってくださったという話を、一緒に逃げた木村さんという方から聞いたんです。それで東京城《とんきんじょう》の近くで知子ちゃんが亡くなったので、農家でシャベルか、鍬を借りて穴を掘り、埋葬したと聞いています」。

恵子の記憶にある、一緒に連れていくのが困難になり、山の中においてきたのは、この知子という妹だったはずだが、今となってはその生死もわからない。

益子は恵子・明子の母・豊子について、「とても活発な姉で行動力もあり、よくいろんなところへ遊びに連れていってもらいました」と子どもの頃の思い出を語ってくれた。益子の兄弟は全部で八人、姉・豊子とは八つ違いであったが、「豊子姉さんが一番可哀そう」と涙ぐんだ。

ところで冒頭、宮家について最初に紹介した宮のさを実際に知るのは親族では今や、この岩城益子だけといってもいいだろう。益子の母、つまり豊子の母にもあたるひさは、のさの長女であり、益子らはのさの孫にあたる。

益子にのさの記憶を聞いてみた。「私の記憶ではなにしろ活動的なおばあちゃんで、いろんな方とつきあっていました。特に兵隊さんが好きで兵隊さんもよく遊びにきたりしていました。私の母・ひさは富山へ嫁いでいたので、松沢村からわざわざ富山までよく出かけてきていましたし、帰りには私が電車乗り場まで見送っていきました」。

子どもの頃の益子からみても随分、活発なおばあちゃんというイメージだったようである。

荒川区に住む明子を訪ねる

二〇〇八（平成二〇）年八月一日、恵子を訪ねた翌日、筆者は妹・明子に会うためにJR田端駅から明子の住む東京都荒川区の都営住宅に向かった。

静かな荒川区原公園の周囲にはアパートやマンションが林立し、明子の住む都営住宅はなかなか見つからなかった。ようやく教えられた中学の門のあたりに着いた時、二人の女性、多分七〇代であろうが、筆者を見つけて「向井さんですか。明子さんはあなたを探しに、今、バス停まで迎えに行きましたよ。私が案内しますから明子さんの家へ入って休んでください」と言う。おそらく同じ都営住宅の住人に違いない。明子さんと日頃から親しくしている友だちなのだろう。筆者は親切に甘えて明子の部屋のある四階に向かった。程なく明子が走りながら戻ってきた。

「いやー、久しぶりです」と言うと、明子も図們であったきりというのに、筆者の顔を思い出してくれたのか「お元気ですか、お久しぶりです」と駆け寄ってきた。明子と筆者はしっかりと握手をし、明子の案内でベランダに近い部屋に通された。一九九七（平成九）年、吉林省図們に住む明子の家を訪ねた時と変わらぬ日焼けしたたくましい笑顔を明子は見せた。図們で明子に初めて会った時のことを「歴史の扉をこじ開けるように明子は現れた」と書いたが、その時とほとんど変わらないたくましい女性そのものであった。部屋に入るやいなや明子は冷蔵庫から果物やジュースなどを次から次へと取り出してきて筆者に勧める。「中国でお会いした娘さんはどうされましたか」と気になっていた質問をした。

というのも、長男夫妻は明子に同行して日本にきたが、長女夫妻のその後を筆者はよく知らなかったのである。筆者の記憶では一九九七（平成九）年、中国で会った長女の中国人の夫は、日本に行く気持ちはないような様子だった。ところが話を聞くと、中国で育った明子の長女は宮和子として日本国籍をとり、中国人の夫も宮昌海として日本国籍になり、この都営住宅に近い隣町に住んでいるという。長男夫婦もそれぞれ宮尚浩、宮ゆかりとなり、明子の孫たちは合わせて三人に増えていた。

一人住まいの明子の楽しみは親しい都営住宅の友だちと語り合うこと、荒川区のシルバーセンターで仲間たちと体操したり会話を楽しむことだという。長男夫妻も長女夫妻の荒川区の近くに住んでいるので全くさみしくないという。

「お姉さんほどは日本語はうまくないですよ」とい言う明子だが、もうすっかり日本の生活に溶け込み、「日本に帰ってきて本当によかった」としみじみ語ってくれた。

明子の家族（東京にて）

友達と仲良く北京オリンピックへ（2008・平成20年夏）右端・明子

第七章

戦前・戦後の瀬島龍三

若き日の瀬島龍三（中央）

瀬島龍三の軍歴

話を大本営の参謀となり太平洋戦争の作戦立案にも参画した瀬島龍三に戻したいと思う。一九二七(昭和二)年、瀬島は幼年学校をトップで出て、陸軍士官学校へ進んだ。瀬島は陸軍士官学校を経て、少尉から中尉まで富山の歩兵第三五連隊に所属、やがて満州の僻地の警備隊に赴き、ここで「陸大を受験すべし」の師団命令を受けた。陸大の入試は、志願ではなく、推薦された者が受験する。陸大は参謀将校を育成するため、一八八二(明治一五)年に制定されたいわばエリート養成の大学校である。瀬島はここで参謀学の全てを叩き込まれ、陸大もトップの成績で卒業した。一九三八(昭和一三)年、すでに日中戦争が始まっていた。一九三九(昭和一四)年五月から、満州第五軍の参謀を半年経験し、同年一一月、二七歳で東京の陸軍参謀本部作戦課に配属された。

一九四一(昭和一六)年、太平洋戦争突入時、瀬島はまさに参謀として、枢機に大きく関わっていった。マレー作戦の開戦指示の暗号電文として有名な「ヒノデハヤマガタ」を考えたのも瀬島龍三であり、開戦命令書も瀬島の起案になるものといわれている。

瀬島龍三が見た太平洋戦争の起承転結

宮のさをはじめ、松沢村から歓呼の声に送られて故郷を立った瀬島少年は、国家の命運をかけた太平洋戦争における日本軍部中枢にあった。しかし、戦局は開戦から年毎に厳しくなる。瀬島はこの戦争の展開を戦後三〇年にあたる一九七五（昭和五〇）年の『文芸春秋一二月号』のインタビュー記事「大本営の二〇〇〇日」の中で次のように述べている。

大東亜戦争（引用者注：太平洋戦争）を大きく区分しますとね、開戦に至る経過ならびに開戦、これが「起」です。一七年（引用者注：昭和一七年）いっぱいまでが「承」でしょう。ミッドウェイもガダルカナルもありますが、全体としてまだ日本が主導権を握ってる。一八年（引用者注：昭和一八年）以降、沖縄までが「転」ですな、わが方は守勢、米軍が攻勢です。そして「結」が終戦と、こういう形でしょうな。欧州戦局をみても一七年いっぱいはドイツももちこたえてますね。一八年以降、ソ連に押されていきます。(1)

日本の命運を賭けた日ソ中立条約の破棄

当時の日本にとって太平洋戦争の命運はソ連との関係に大きく左右される方向にあったことがこのインタビューからも窺える。すなわち、日本とソ連との間で結ばれていた日ソ中立条約を存続させることが、国策上、最大の課題になっていた。というのも、この条約の有効期限は一九四六（昭和二一）年四月二五日で切れる。その一年前までに廃棄通告がない場合は、さらに自動的に五年間延長されることになっていた。当時の日本政府は、この廃棄通告が来るのを何としても防ぎたいとの思いであった。日本は対米戦ですでに崩壊状態にあり、この上、対ソ戦になれば満州をはじめ、千島列島なども壊滅状態になると恐れていた。

終戦の直前、瀬島龍三は密使として駐ソ大使のもとに派遣され、ソ連の対日参戦を防ぐべく努力したが、ソ連は一九四五（昭和二〇）年四月五日に、日本に日ソ中立条約の廃棄通告を行った。前述した『文芸春秋一二月号』（一九七五年）のインタビューで瀬島は、沖縄戦の大勢が決したあと、当時の鈴木貫太郎内閣の書記官長、迫水久常に作戦当事者の見通しを次のように述べたと話している。

個人的にはその頃、ソ連の参戦必至という判断をしていました。というのは、三月頃からヨーロッパのソ連兵力がどんどん極東へ送られてきているのを我々がつかんでいるし、四月には日ソ中立条約不延長がわが方へ通告されてます。冬に入ったら北満では戦争できないから九月までには参戦してくる―その前に終戦にもっていくべきだと、こう思っていました。迷ったあげく、結局五月下旬の深夜、永田町の書記官長官舎で迫水さんに会いましてね。今でも忘れませんが、空襲下の真暗な部屋で、迫水さんは巻脚絆に国民服着ていて二人だけで三時間ほど話しました。私が終戦ということを口にしたのはこの時だけです。[2]

瀬島はこのあと一九四五（昭和二〇）年七月、ソ連の対日参戦が決定的になった時、関東軍の作戦参謀として満州・新京に飛んだ。大本営の慣例で戦局が極めて重大な局面に来た時は大本営参謀が第一線に出ることになっていた。

シベリア抑留と帰国

一九四五（昭和二〇）年八月の太平洋戦争敗戦、瀬島はこの敗戦を満州の関東軍で迎えた。その後シベリア抑留の身となった瀬島は一九四九（昭和二四）年、ソ連から、大本営に勤務していたことで、重労働二五年の刑を受け服役、この当時のことを次のように話している。

「ラーゲリ（収容所）独房での生活が一番辛かった。樹木の伐採や石炭掘りの仕事から便所掃除までやった。母がよく夢枕に立ち、辛抱せよと言い聞かせてくれた」。

一九五六（昭和三一）年、瀬島は前述したように一一年ぶりに興安丸で舞鶴に帰り、祖国の土を踏んだ。

三一年（引用者注：昭和三一年）八月の、あれは何日ごろでしたか、全員呼び出されて裸になってシャワー浴びろというわけです。なんで今頃シャワー浴びるんかなぁと不思議でなりませんでした。出口には粗末なものだが着替えもおいてある。なんの説明もないままに有蓋貨車にのせられて、一昼夜くらい走った。朝になって貨車の扉が開いた途端にプーンと潮の香がした。ナホトカかウラジオストックかどっちかだろうと思いました。ハバロフスクから二四時間南へ走ったんですから、それくらいの見当はつく。結局ナホトカだったんですがね。これから先どうなるか、カムチャツカで魚とりさせられるか、マガダンで砂金とらされるか――いいことは考えませんよ、そういう習性になってる。その時、日章旗だーッと誰かが叫んだんですな、海のずっと沖の方に船が一隻ポツンと見えてだんだん大きくなってきて、たしかに日の丸が見える。それが興安丸でした。この話するとね、その瞬間へナヘナと座りこんだろうとみなさんおっしゃるんだけど全く逆です、全員直立不動です。一一年間で初めてみる日章旗ですからね。みんなボロボロ涙こぼしました。

（中略）日本の島がきれいに見えてね。船倉に入っている者はだれ一人なかったです。このときはやはり「国破れて山河在り」でしたなぁ。ソビエトの領海を出たところで全員甲板の上に集合して、改めて日章旗をマストに掲げて、全員で「君が代」を合唱して、祖国遥拝を甲板の上でやりました。[3]

瀬島龍三参謀、ソ連より故郷へ帰還

戦後の瀬島龍三

瀬島は、敗戦の廃墟から経済復興の道を歩み始めた日本にあって、持ち前の参謀的性格を早くも発揮し、企業人としても頭角を現わす。伊藤忠商事を繊維会社からあっという間に総合商社に拡大し、人脈を活用しながら、当時の中曽根政権のご意見番として着々と戦後を生き抜いていく。

瀬島はシベリアから帰って毎年欠かさぬことが三つあるという。ひとつは墓参り、ひとつは陸軍に奉職し、富山連隊の教官を務めた時の教え子たちとの戦没者慰霊祭出席、そして、地元の人たちへの報告を兼ねた講演会、この三つを八月お盆の帰郷に際し、恒例の行事としていた。

戦前・戦後の動乱期を生きてきた瀬島は、祖国日本と故郷《ふるさと》富山が私の原点であると常日頃述べながら、自らの体験を語り継いできた。

インタビュー、瀬島龍三にとっての残留孤児

東京の一等地・赤坂のホテルに伊藤忠商事が用意した瀬島のオフィスがある。筆者は中国残留孤児、宮恵子・明子の取材をしながら、このオフィスに瀬島を訪ねた。広々としたホテルの中のオフィスに設けられた応接室で瀬島と対面した。瀬島は故郷小矢部、そして松沢村での子ども時代を懐かし

瀬島龍三（右）と筆者（東京・瀬島事務所にて）

そうに語りだした。

「私（筆者注：瀬島）にとって故郷イコール母のようなものですよ。大本営の参謀になってからでも母は私を『龍ちゃん、龍ちゃん』と呼ぶんですよ」と愉快そうに話す。「母はね、あたたかくて、やさしい人でした。砺波中学に入学した頃、友だちは下宿していましたが、母は私に対し、下宿は許しませんでした。その代わり、冬の雪深い日などは私の先に立って、道なき雪の中に雪道を作ってくれ、そのあとをついて私は学校に通ったものです」と瀬島はとうとうと母について語った。筆者はそんな瀬島に思い切って故郷・松沢村のことをぶつけてみた。

向井「瀬島さんのお生まれになった松沢村というひとつの小さな村をとってみても、太平洋戦争は村の人たちにさまざまな運命をもたらしましたね。東南アジアなどで亡くなった軍人や中国に残されたまま帰れなかった人たちなどを、どのように今思っておられますか」

ややぶしつけ過ぎる質問だと筆者は思いつつ瀬島の表情に見入った。少し応接の椅子から乗り出すようにした瀬島は一呼吸おいてから、ゆっくりと口を開いた。

「そうですね。そのために私は今、多くの戦場で亡くなった人たちの慰霊の事業に取り組んでいます。シベリアでは六〇万人の抑留者のうち、六万人が極寒の地で強制労働に耐えられず命を落としました。祖国を夢に見ながら亡くなったのです。シベリア八〇〇の収容所で亡くなったのです。その人たちの慰霊碑をハバロフスクにつくり、遺族の人たちと慰霊の事業を行っています。

また、中国残留孤児たちのため援護事業にもできるだけのことをやっています。

中国からの帰還だけではなく、日本に帰ってきた孤児の皆さんのために、日本での生活に対する支援事業にも力を入れています。過去に対する、それが私の務めです」

瀬島はさらに言葉を続けた。

「やはり平和が一番大事ですね。個人として、国民として、国家として平和が一番大事です。日本は今、平和主義の国です。太平洋戦争を経て、平和の確保のために犠牲と努力が必要です。努力なくして平和はありません」

大本営参謀から、戦後は企業・財界のトップとして日本の戦後政治にも少なからぬ発言力をもち、政界フィクサーの異名もあった瀬島は、言葉を選びながら自らの戦後を語った。

老紳士、まさに私の目の前にいる瀬島は淡々とインタビューに答える紳士であった。

筆者は用意していたひとつの質問でインタビューを終わろうと思っていた。瀬島が何と答えるか、筆者は元大本営参謀・瀬島を前に少し声がうわずった。

向井「松沢村出身で中国残留孤児となった宮恵子さん、明子さんのことはご存知ですね」

瀬島「ええ、知っています」

向井「瀬島さんは故郷を同じくする二人のことを今、どう思っておられますか」

瀬島はしばらくの沈黙のあとようやく重い口を開いた。

「ノーコメントです。松沢村そして小矢部は故郷です。故郷の人たちが私に対してさまざまな感情を抱いていることは知っています。ですから、その質問に対してはノーコメントです」

筆者にはこの言葉は意外であった。中国残留孤児について一般論として滔々と援護事業について語った瀬島が、恵子・明子姉妹の運命については一言も触れないのである。二人の姉妹の曾祖母の力もあり、軍人の道をまっしぐらに突き進んだ元大本営参謀、瀬島龍三の心の奥を垣間見た思いがした。

この赤坂のホテルにある瀬島のオフィスには芝がきれいに刈られた庭もついている。瀬島と筆者は重い空気を一掃するようにこの庭へ出た。恵子・明子の運命に瀬島はどのような自らの運命を重ね合わせているのであろうか。それ以上の質問は筆者にはできなかった。

太平洋戦争の最後の語り部、そして昭和を語ることのできる唯ひとりの人物と言っていい瀬島龍三は宮家と瀬島家という親戚以上といわれる親交のあった両家の運命をどのように見つめていたのか。ひょっとしたら、このことは心の闇となって、戦後の瀬島に重くのしかかっていたのではないだろうか。

回想録『幾山河』

戦後五〇年にあたる一九九五（平成七年）年夏、瀬島は回想録『幾山河』をまとめた。

瀬島は冒頭「八〇年余の私の人生は全く波乱万丈であった」と書きはじめ「軍人としての道を目指した第一の人生、戦時、国の最高統帥部である大本営に勤務した第二の人生、終戦後、シベリアに抑留され、生死の極限に置かれた第三の人生、帰還後、たまたま経済界に入り、会社経営の衝に当たった第四の人生、そして行政改革、教育臨調など国家・社会の仕事に力を注いだ第五の人生と五つの大きな山川を越えてきた。これらの波乱は自ら求めたものではない。また、波乱から逃避したこともない。

私に与えられた運命として、真正面から取り組み、自らの務めを誠実に果たしてきたつもりである」と述べ、「『命のある限り、国家、社会への貢献』を心に決めた」と語っている。

「祖国日本と故郷《ふるさと》富山が私の原点である」と語っていた元大本営参謀・瀬島龍三は、二〇〇七（平成一九）年九月四日、静かに波乱の生涯を終えた。

瀬島の著作『幾山河』

引用文献

（1）瀬島龍三「大本営の二〇〇〇日」『文芸春秋』五三巻（一二月号）一九七五
（2）前掲書　瀬島龍三「大本営の二〇〇〇日」
（3）前掲書　瀬島龍三「大本営の二〇〇〇日」
（4）瀬島龍三『幾山河』産経新聞社、一九九五

第八章

日中平和友好条約締結から四〇年　孤児たちの「現在」

帰国までの遠い道のり

戦後七三年になる今年二〇一八（平成三〇）年は、一九七二（昭和四七）年の日中国交正常化から四六年、そして一九七八（昭和五三）年の日中平和友好条約締結から四〇年の節目になる。一九七八（昭和五三）年八月一二日、日本は園田直外務大臣、中国側は黄華外交部長という、日中両国外相が北京で日中平和友好条約に調印した。この年の一〇月二三日に東京で批准書が交換され、日中平和友好条約は正式に発効した。

戦後の日中国交断絶期を経て一九七二（昭和四七）年以降、まず民間の手によって始まった中国残留孤児の肉親捜しは、一九七八（昭和五三）年の日中平和友好条約締結を経て、一九八〇年代に入り、一九八一（昭和五六）年、肉親探しのための訪日調査が始まった。

中国残留孤児、宮恵子・明子を訪ねながら、筆者自身も三〇年余りにわたって旅をしてきた思いである。そもそも残留孤児とは何かをまとめとして整理しておきたい。日本の厚生労働省の定義によると、「残留孤児」とは一、戸籍の有無にかかわらず、日本人を両親として出生したこと、二、中国の東北地域（旧満州）などにおいて、一九四五（昭和二〇）年のソ連軍参戦以降の混乱によって、保護者と生別または死別したこと、三、終戦当時の年齢が一三歳未満であること、四、本人が自分の身元を知らないこと、五、当時から引き続き中国に残留し、成長したこと、となっている。一三歳以上は自分の判断で中国に残ったとされ、中国で結婚した一三歳以上の女性は残留婦人として残留孤児と区別されてきた。この残留婦人に対する日本という国の援護は、一方的に孤児とは区別され、残留婦人は長い間、あくまで個人の問題として処理されてきた。

残留孤児の訪日調査が始まってから一〇年余りが経過した一九九四（平成六）年四月、ようやく「中国残留邦人等の円滑な帰国の促進及び永住帰国後の自立の支援に関する法律（中国残留邦人支援法）」が制定され、残留婦人に対する救済措置が、残留孤児と一本化された。厚生労働省における行政上の名称も孤児と婦人を一緒にし、残留邦人と呼ばれるようになった。

厚生労働省の資料によれば、中国残留日本人孤児に関するさまざまな身元調査によって判明した孤児総数は、二〇一八（平成三〇）年六月三〇日現在、二八一八人、このうち身元判明者は一二八四人、また、孤児の中で、日本に永住帰国したのは二五五六人で、孤児の家族を含めると九三七七人となっている。これに対し、中国残留婦人の永住

恵子の3人の息子たち、左端は、夫の李明和

帰国者は、四一六六人、家族を含めると一万一五二六人となっている。

戦後七三年、この数字を見ると、これまでおよそ二五〇〇人余りの中国残留孤児が帰国を果たしたが、旧満州にはさまざまな事情で帰りたくとも帰れない人がいるということになる。戦後はまだ続いているのだ。それだけではない。帰国した人たちの日本語教育や生活支援、さらには孤児二世、三世の就職支援など孤児家族の自立のために祖国日本は何ができるのか、厚生労働省だけの問題ではない。

恵子、明子にとっても日本への永住帰国実現は遠い道のりだった。日本へ帰国したあとも言葉の問題や日本の生活になじむまで相当な苦労が伴う。帰国者はまず全国四ヵ所の中国帰国者定着促進センターで四ヵ月間、基礎的な日本語の指導や生活習慣の指導を受ける。日本で一番早い中国帰国者定着促進センターができたのは埼玉県所沢市である。恵子、明子ともにこの促進センターで日本での生活の第一歩を始めている。特に二人にとって困難を極めたのは、中国からの帰国といっても中国語は全く理解できないことで集団指導体制のセンターではより多くの苦労をしなければならなかった。この定着促進センターを経て帰国者は次に全国一九ヵ所の中国帰国者自立支援センターで四ヵ月から一年をかけて自立へ向けてさまざまな研修を受ける。恵子・明子は東京の自立支援センターに入り、生活相談や就労指導を受けた。就労指導といっても日本語もままならない孤児たちにとって仕事につくことは容易ではなかった。結局は国からの生活保護をうけ、細々と生きていくのが精一杯だったのである。

厚生労働省が二〇〇三（平成一五）年から二〇〇四（平成一六）年にかけて実施した実態調査では孤児世帯の約六割が生活保護を受けており、帰国後の生活状況について苦しいと答えている人が半数を超えていた。残留孤児にとって、いかに自立が困難であったかを物語る数字である。

中国残留孤児と裁判

こうした状況を背景に二〇〇二(平成一四)年一二月二〇日、中国孤児約六三〇人が東京地裁に対し、日本への早期帰国が実現されず、帰国後の自立支援も十分でなかったとし、国に対しての補償を求めた。このあとも全国一五地裁に合わせて二二〇〇人が提訴した。これらの裁判の原告になったのは日本に永住帰国した中国残留孤児二五〇〇人のうちの九割に達した。

これらの裁判の争点はまず、孤児の被害が戦争被害なのか、早期帰国を実現する義務が国にあったかどうか、自立支援の義務の有無などであった。

まず、二〇〇五(平成一七)年七月六日、大阪地裁で中国残留孤児訴訟に対する判決が言い渡された。全国一五ヵ所の裁判所で争われている裁判の中で、初めて言い渡される判決ということで、大きな注目を集めたが、判決は、原告らの請求を棄却するというものだった。

大阪地裁の判決では、原告らの被害はあくまで戦争被害であり、国民が等しく受忍すべきものとし、孤児の発生については日本の政策が原因で、義務はあるが違反はないとし、自立支援については義務はなく、戦争被害補償に関する国の裁量逸脱もないとしている。

これに対し、二〇〇六(平成一八)年一二月一日の神戸地裁判決では、大阪地裁とは全く逆に国に対して賠償命令を求めた原告勝訴であった。この判決では、孤児の被害は戦争被害ではなく日中国交回復後の政府による違法行為で、早期帰国についても義務違反があるとし、自立支援については北朝鮮拉致被害者への自立支援より貧弱で、当然義務違反があるとした。

こうした全く相反する二つの地裁の判決に続いて二〇〇七（平成一九）年一月三〇日、最も注目された東京地裁の判決が出た。一連の集団訴訟で三件目となる東京地裁の判断は全国で最大の原告数を抱えており、他の地域の訴訟の流れを左右しかねないとみられていた。この日の判決で東京地裁は、国の賠償責任を認めず、原告の請求を棄却した。加藤謙一裁判長は判決理由で「残留孤児の損害は戦争から生じたとみるべきで、国には早期帰国や帰国後に自立を支援する義務はなく、違法、不当行為もない」などと、原告の主張をすべて退けたのである。恵子と明子はこの原告団に加わってはいなかったが、神戸地裁判決に続く、国の支援策へ向けて希望を抱いていた孤児たちにとって落胆が大きかった。

こうした裁判とは別に政府は高齢化が進み、就職や生活に困っている孤児たちの窮状を打開するため、政治決断を迫られていた。当時の安倍首相は東京地裁の判決当日、中国残留孤児に対する支援策の検討を指示した。それまでの支援策は生活保護中心で、就労収入がない一人暮らしの孤児の場合、医療や住宅費とは別に最大八万円の保護費を支給し、国民年金を支給していればその分を差し引いていた。これに対し、二〇〇七（平成一九）年七月、政府与党は国民年金と給付金を合わせて、単身世帯で月額一四万六千円を支給することを柱とする支援策を提示、各地で集団訴訟を起こしていた孤児の原告・弁護団はこの支援策を受け入れることを決定し、孤児の九割にあたる二二〇〇人が国に損害賠償を求めた訴訟は、二〇〇二（平成一四）年一二月の最初の提訴から四年半ぶりに決着した。

とはいっても、ここにもう一つ大きな問題があった。それはもし孤児の方が先に亡くなった場合である。その場合は孤児に対する国民年金（老齢基礎年金）がなくなり、支援金だけではパートナーの生活は困難になる。こうした問題に応えるために、二〇一三（平成二五）年、あらたな配偶者支援策を盛り込んだ改正法案が、臨時国会で可決・成立した。

この配偶者支援策は二〇一四（平成二六）年一〇月から施行されたが、孤児本人が亡くなった場合、配偶者は、前述の国民年金（老齢基礎年金）の約三分の二にあたる配偶者支援金を受給できることになった。この配偶者支援策の意味は、孤児という配偶者を亡くした場合に備えてこの国で生きていく最低限の保障という意味になるだろう。

中国残留孤児・婦人たちの現状

では、戦後七三年になる今、中国残留孤児・婦人たちの現状はどうなのだろうか、厚生労働省が行った最新のデータ(1)を紹介してみたい。調査は二〇一五（平成二七）年一一月から二〇一六（平成二八）年一月にかけて行われたものであるが、残留孤児だけでなく、残留婦人を含めた中国残留邦人全体に加え、一部樺太等からの永住帰国者も含む実態調査となっている。統計に含まれる樺太等残留邦人の概況を参考までに付け加えておきたいが、樺太等残留邦人の永住帰国者の総数は一〇九人（家族を含めた総数二七五人）で、このうち樺太からは八六人の永住帰国（家族を含めて二二〇人）、旧ソ連本土からの永住帰国二三人（家族を含めて五五人）となっている。戦後はまだまだ終わらないのだ。

調査対象者は、永住帰国後一年未満の人を除いた四九三三人（中国残留邦人四八一六人、樺太等残留邦人一一七人）、それに帰国者（残留邦人等の本人）の死亡後に配偶者支援金を受給した人三一二人、合計五二四五人で、調査票の回収率は七三・七％となっている。

調査結果によると、これら帰国者の平均年齢は七六・〇歳（前回、二〇〇九・平成二一年調査では七一・六歳）で、高齢化が急速に進み、七〇歳以上の高齢者が九三・四％（前回調査では五〇・四％）に達している。年齢別の割合では、七〇歳代が七一・三％、八〇歳代が一七・六％、九〇歳以上が四・五％となっている。戦後七三年という年月が示すように、帰国者の高齢化が目立つ。帰国者本人の男女別では、残留婦人も含まれるので、男性が三八・二％、女性が六一・八％となっている。特に今回の調査では、配偶者支援金受給者の調査も加味されたとのことだが、この調査時点での配偶者支援金の受給者、つまり孤児本人が死亡したために、配偶者が受けることになる支援金受給者は、男性が六二人（二九・一％）、女性が一五一人（七〇・九％）で、すでに二〇〇人を超える人たちが、孤児という境遇にあったパートナーを失い、日本で生活を送っていることになる。配偶者支援金の状況についてのアンケートでは、ほぼ四分の三の人が「満足」または「やや満足」と回答しているが、中国残留邦人とともに長年にわたる労苦を共にしてきた配偶者が、残留邦人死亡後もこの国で、安定した生活を送れているのか、筆者としてはまだまだ不安である。

ところで二〇〇七（平成一九）年に決定された帰国者全体への支援策である支援給付金の受給は、七四・九％に達している。この支援給付は、満額の老齢基礎年金等の受給によっても、なお、その世帯の収入の額が一定の基準に満たない六〇歳以上の中国残留邦人などに、公的年金制度を補完するものとして支給されるもので、およそ四分の三の帰国者が、この支援給付に頼らざるを得ない厳しい生活状況を示していると言っていいだろう。

言葉や健康、生活上の問題

次に具体的な生活上の問題について調査結果を要約しておきたい。

まず、恵子・明子がそうであるように、帰国後の最大の課題は言葉の問題である。

日本語の理解度では「不自由なく理解できる」「日常のほとんどの会話に不便を感じない」「買い物、交通機関の利用に不自由しない」が五五・七％となっている。ということは逆におよそ半数の帰国者がいまだに言葉の問題で苦しんでいることになる。さらに日常生活上の相談などに対応してくれる「支援・相談員制度の利用状況」については、「よく相談する」が一四・六％、「時々相談する」が三一・八％となっているが、「相談したくても勤務しない日があり、あまり相談できない」とか「支援・相談員がいることを知らない」という人もいるので、この制度の周知徹底を図っていく必要があるだろう。あとは健康状況の調査結果が非常に気になる。「定期的に通院または往診による診療を受けている」人が、四分の三にのぼっているし、要介護（要支援）を受けている人が四分の一になる。

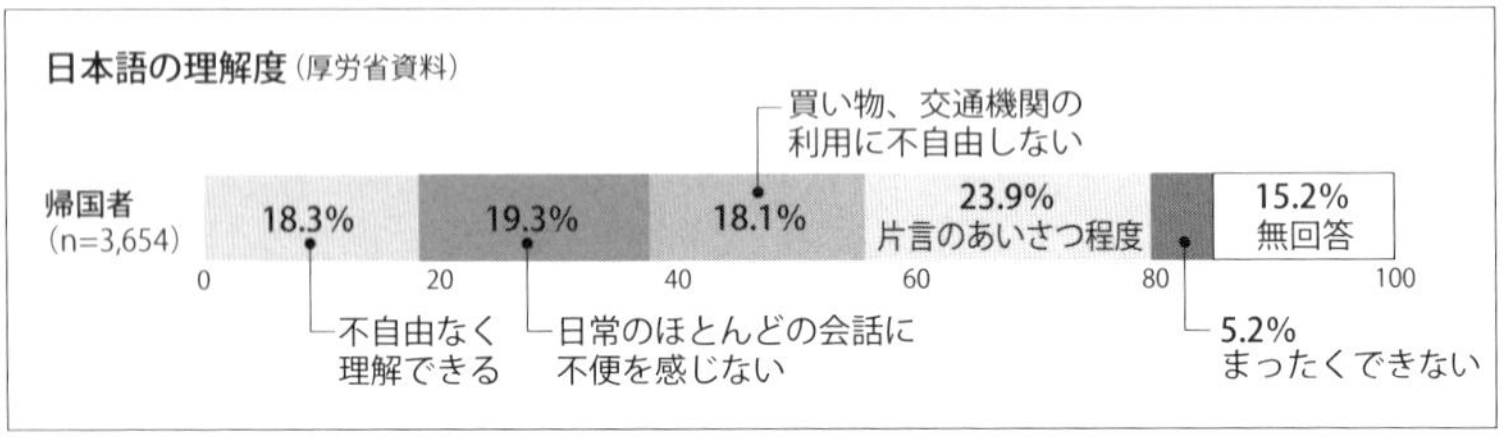

高齢化が進む帰国者にとって、健康問題は、前述の支援・相談員ができるかぎり相談にのってほしいと思う。

永住帰国後の生活実感

調査のまとめになるが、筆者が最も知りたかったのは、この「永住帰国後の生活」についての現在の実感である。

グラフを参照してほしいが、帰国後の感想として、「良かった」が三五・七%、「まあ良かった」が四〇・五%で、「どちらとも言えない」が一一・九%、さらに「やや後悔している」が三・二%、「後悔している」が一・二%と出ている。この回答をどう見るかは難しいが、少なくとも五%近くの人が「後悔している」との気持ちを持っているとすれば、これは胸に突き刺さる数字である。帰国者の人間としての尊厳がこの国で本当に守られているのか、老後の生活の実感はどうなのか、「日本に帰ってきて良かった」と帰国者が思える国になるよう努力することが、この国の責務ではないだろうか。

帰国後、無策だった国が一歩づつ前進してきたことは喜びたいが、日本人としてようやく帰ってきた人たちにゆっくりと祖国で老後を楽しんでもらう方策

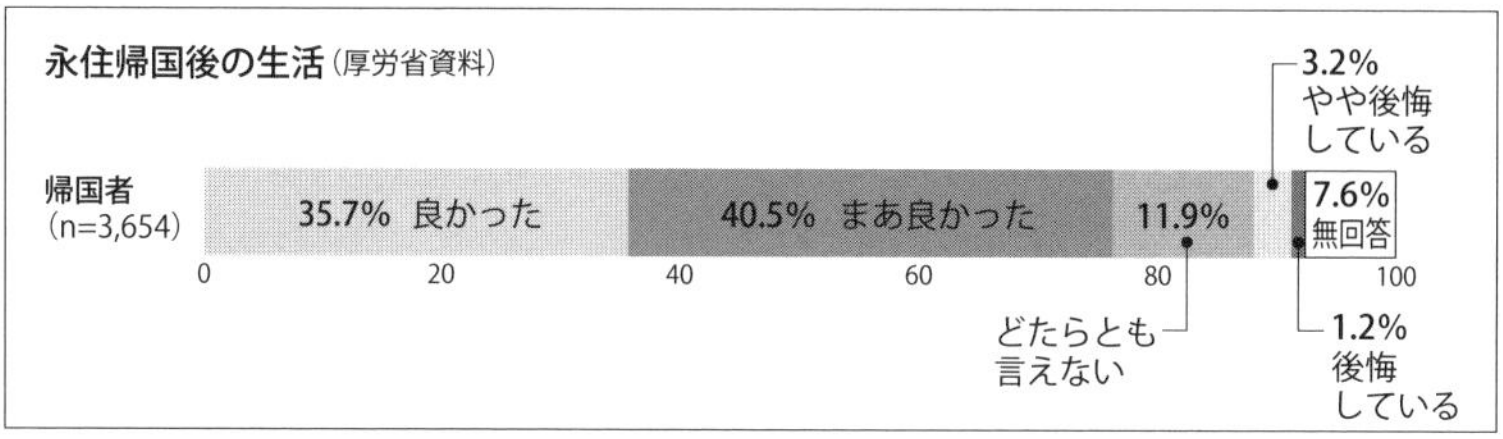

はないものだろうか。帰国した孤児の誰もが「祖国で安心して暮らしたい」と思うのは当然であろう。孤児たちはすでに高齢化が進み、今や、孤児二世、三世が日本で自らの運命を切り開いていく時代にきている。

恵子、明子が「最近は、生活が少し楽になりました」と言うのを聞いて筆者も気持ちが楽になったが、二人は何よりも日本で働く子どもたち・孫たちの現実を不安げにみつめているようにも感じられた。

引用文献

（1）厚生労働省「平成二七年度　中国残留邦人等実態調査」報道発表資料

第九章　近代化一五〇年と国家

中国残留孤児が生まれた原点

恵子・明子という中国残留姉妹に出会ったことをきっかけに、宮家の歴史を縦糸に、大本営参謀・瀬島龍三の歩んできた道を横糸として、富山県の一農村の運命に照準を合わせ、中国残留孤児の問題を考えてきた。

中国残留孤児については、一〇年近く前まで、日本では、さまざまなテレビドキュメンタリーが制作されたり、多くの出版がなされ、孤児たちの悲劇的な運命が証言として語られてきた。一時は孤児の養父母たちのことが取り上げられ、中国でも社会問題となったこともある。恵子・明子について、二人の養父母とも亡くなってしまっているので、筆者は多くを書いてはいない。最近の日本のメディアでは残留孤児の問題を取り上げるメディアはほとんどない。

では、中国では残留孤児の問題をこれまでどうとらえてきたのであろうか。ここに関亜新、張志坤による『日本遺孤調査研究』という貴重な研究があるので、まずその序言の一部を紹介したい（日本では『中国残留日本人孤児に関する調査と研究』として浅野慎一らによって監訳）。

残留日本人孤児とは、一九四五年（引用者注：昭和二〇年）、日本の敗戦後の引揚げと送還の時期に中国に遺棄され、中国人によって育てられた日本人孤児である。残留日本人孤児には軍・政府関係者や商工業者の子どももいるが、最も多いのは開拓団員の子どもだ。残留日本人孤児の総数は四〇〇〇人以上にのぼり、中国の二九の省・市（自治区）に分布している。その九〇％は東北三省（黒龍江省、吉林省、遼寧省）および内モンゴル自治区に集中している。これほど多くの戦争孤児が交戦中の敵国に取り残され、日本の侵略者に奴隷のように酷使され、蹂躙された国の人々によって育てあげられたことは、古今東西の戦争史上、空前絶後のできごとだ。残留日本人孤児は、特殊な歴史的状況のもとで生み出された特殊な歴史問題である。残留日本人孤児は、個々ばらばらに孤立した個人ではなく、特殊な集団だ。この問題には、歴史が深く刻印されているとともに、日本の内在的要因も大きく影響している。すなわち残留日本人孤児問題は、根本的には日本軍国主義の移民侵略政策によって生み出されたのである。[1]

この序言で注目されるのは、残留孤児は、「中国に遺棄された」という表現と「敵国の人々によって育てられた」という事実であろう。「遺棄」と中国人研究者がいみじくも指摘したように、一九四五（昭和二〇）年八月九日以降、関東軍は満州の現地に在留の日本人を置き去りにしたまま、南に後退、残された日本人は完全に日本という国から見捨てられた。

多くの命が置き去りにされ、失われた。その中で恵子・明子がそうであるように筆舌に尽くしがたい辛酸を味わい、中国で生き残った孤児たちがいた。恵子の義姉である李英淑が語ったように、自らの危険を顧みず恵子を育てた養母がいたことや、また、明子がいみじくも話したように、自分を育ててくれた中国の大地に感謝しているといった言葉の重さを忘れてはならない。

国家による国民の遺棄

太平洋戦争は戦後七三年となり、今や、日本人の記憶から歴史上の記録へと進みはじめている。戦争の記憶を持つ人は日本人の一割余りになってしまった。しかし、中国残留孤児が生まれた背景をこれからもきっちりと語り継いでいく必要がある。

本書において筆者は恵子と明子の半生の軌跡を辿るにあたって、しばしば運命という言葉を使った。しかし、ここまで書いてきて中国残留孤児問題を考える時に、どうしても運命の言葉の裏に潜む「国家」と「個人」という本質について書かざるを得ない。その前提となるのは「満州とは一体何だったのか」という問いである。いかなる歴史的な経過があるにせよ、日本の植民地の延長線上に中国東北地区を中心とした満州国という日本の「傀儡《かいらい》国家」が作り上げられたということがまずあげられる。そして「王道楽土」と称する日本の傀儡国家・満州国に、国策として、開拓団をはじめとする多くの国民が送り込まれた。

その満州国が滅びる時、つまり一九四五（昭和二〇）年、ソ連軍が参戦し、満州国に攻め入った時に関東軍は極秘に満州の四分の三の放棄を決定し、一般居留民を置き去りにしながら主力部隊の南下を始めていたという事実である。いわば国家が、守るべき国民を盾に「静謐確保作戦《せいひつかくほさくせん》」（筆者注：挑発に乗らない。刺激しない姿勢）などといって、関東軍撤退をソ連に気づかれないように進めていたのである。これは国家による国民の遺棄以外のなにものでもない。筆者が力説したいのはこのことである。なぜ残留孤児が生まれたのかを満州移民政策や軍事作戦における一般市民の保護という視点から国家と個人の関係において歴史的に教育の現場でも教えていく必要がある。

祖国とは

筆者は以前に、残留孤児問題を国家と個人の人権という視点で論文としてまとめた白石恵美の『中国残留孤児・帰国者の人権擁護』という著書に出会った。この論文に出会い、何より驚いたのはこの論文が何と白石が高校生の時に執筆したものであったということである。一七歳の高校生がこうした問題に目を向け、研究に取り組んだということそのことにまず敬意を表する。さらに驚いたのは、白石は大学へ進んだあとも引き続きこのテーマを発展させ、卒論テーマに残留孤児帰国者の問題を考察し、レポートを提出したあとの二週間後に突然の病で倒れ、一九歳の誕生日を目前に生涯を閉じたとある、恵美の母・白石瑞恵のあとがきを読んだ時である

白石恵美は高校時代にまとめた論文の中で、「『日本』とわたしたちに欠けていたもの」と題し、「孤児たちが夢にまで描いた日本という祖国は、一体どういう国なのか。国はどうして個人に冷たいのか。どうして、国は人を切り捨ててしまおうとするのか―」と疑問を投げかけながら、残留孤児の帰国支援政策などを次のように考察している。

一連の国の施策を振り返ってみるとわかるように、国による引き揚げ援護政策は一貫性を持たない。それは、状況の変化や内外からの批判を受けて二転三転してきた。唯一貫かれているポリシーを見出そうとするならば、それは孤児たちを「外国人」とし、問題を「個人次元の問題」として対応してきたという二点である。孤児問題の歴史的変遷を追うことによって、残留孤児の発生は、経済的・政治的・軍事的な「国益」を考えて行われた、満州への邦人移民政策に端を発することが明らかになった。「国家」が生み出し、「国家」が残留させた孤児。しかしながら、その国益追及《ママ》のいわば副産物として生まれることになった日本人孤児に対して、国は「未帰還者に関する特別措置法」を立法し、さらに「孤児問題は個人の問題だ」というのである[2]。

高校生とは思えない白石恵美の深い洞察力とこの残留孤児問題に正面から取り組んだ姿勢に学ぶことも多い。太平洋戦争の記憶が年々遠くなる今こそ、若い人たちに、日本の近現代史に目を向けてほしいと願うばかりである。

近代化一五〇年の検証

本書冒頭で述べたように、今年二〇一八（平成三〇）年は、明治維新に始まる日本の近代化一五〇年にあたる。そもそも筆者は、維新一五〇年を記念する礼賛ムードには組みしない。逆に、明治維新を起点とする近代国家が、どのような歩みをしてきたのかを史実に基づいてあらためて振り返る必要があると思う。

すでに本書でこれまで述べてきたことと重複するので、簡単に要約するが、アジアの小国に過ぎなかった日本は、「文明開化」「富国強兵」という近代化路線に沿って、中国との日清戦争を引き起こした。近代日本の対外侵略戦争の始まりである。その一〇年後には第一章で詳述したように大国ロシアとの日露戦争に勝利し、戦争による国家作りに邁進していった。さらに、その一〇年後には、第一次世界大戦に連合国の一員として参戦、戦争による国家の発展と膨張を続けた

一九三一（昭和六）年に満州で起きた柳条湖事件については、第四章で詳しく述べたが、日中戦争の始まりであり、中国侵略への決定的事件である。この事件を契機に一九三七（昭和一二）年に、日中全面戦争に突入していく。この延長線上で日本が踏み切ったのが太平洋戦争である。纐纈厚《こうけつあつし》は「これらの戦争は、時代的・地理的には個別の戦争であったのですが、近代日本に内在する『戦争国家』の体質を露呈させていった結果でもありました。それが、日本近代史の実態であったのです[3]」と述べる。つまり、明治維新以来、連綿と続いた戦争は、国策そのものであった。もちろん、柳条湖事件を契機に、植民地化を促進するため、一九三二（昭和七）年から満州へ計画的に日本人を送り出したのも国策であった。当時の広田弘毅内閣は軍部の意向そのままに満州移民計画を本格化させ、二〇年間で一〇〇万戸、五〇〇万人を満州へ入植させる国策を発表。この国策が、多くの中国残留孤児・婦人を生む原点となった。

日本の戦後のあり方を深く考え、とりわけ中国残留孤児・残留婦人問題に力を入れていた作家の井出孫六は「国策が国民に取り返しのつかない犠牲を強いた点で、私には原子力政策と戦前の満蒙《まんもう》計画

がダブって見えるのです」[4]と語っている。また、近代政治史に詳しい三谷太一郎は「『文明開化』『富国強兵』路線が非常に大きな挫折を被ったのが、アジア太平洋戦争の敗戦だった。これによって日本は国家目標として『強兵』路線を放棄し、敗戦後の日本は『強兵』なき富国路線で再近代化を進めてきた。そして戦後の富国路線が果たしてよかったのかという重大な疑問が生じたのが、二〇一一年の三・一一だった」[5]と述べている。ともに日本の近代化一五〇年に対する厳しい検証である。

今年二〇一八（平成三〇）年は、戦後七三年になる。戦争の無惨を共有し、戦後日本を築いてきたこの国にあって、筆者は今、国家の力が少しずつ強くなりつつあることに危機感を覚えている。特定秘密保護法、安保法制、共謀罪法、安倍政権のもとで次々と施行される政治の動きに、戦争への危うい傾きを感じるのは筆者だけだろうか。東アジアの政治的緊迫は続くが、どんなことがあっても、現在を戦前にしてはならない。また、最近の政治の現状を見ると、権力者への迎合と自己保身が目立ち、誠実に事実に向き合う姿勢が、政治家にも感じられなくなってきている。この国がめざすのは再びの「富国強兵」ではないはずだ。この国はどこへ行こうとしているのかあらためて問いたい。

引用文献

（1）関亜新、張志坤『中国残留日本人孤児に関する調査と研究』浅野慎一・佟岩訳、不二出版、二〇〇八
（2）白石惠美『中国残留孤児・帰国者の人権擁護』明石出版、二〇〇八
（3）纐纈　厚「日本は誰に負けたのか」『加害の歴史に向き合う』週刊金曜日編、二〇一七
（4）二〇一三（平成二五）年三月二〇日付け『毎日新聞』
（5）二〇一六（平成二八）年一〇月一四日付け『毎日新聞』

おわりに

恵子と明子は今

いつもは手紙や電話でお互いに近況を伝えあってきたが、今年二〇一八（平成三〇）年八月、筆者は一〇年ぶりに恵子・明子を訪ねた。この日は、昨日までの「千年猛暑」が嘘のように消え、どこかひんやりとさえ感じられる日であった。

恵子は、ぽつりぽつりと雨が落ちるなか、東京・品川区の都営住宅前で筆者を待ってくれていた。数年前から左足が少し不自由になり、今は歩行を支えてくれる手押し車にたよっている。これまでの手紙でそのことを聞いていたので、非常に心配だったが、握手もそこそこに、「お待ちしていました」と元気な声をかけてくれた。顔色はよく、八二歳になったはずだが、一〇年前の笑顔は変わらない。

夫の李明和は、二〇一〇（平成二二）年、七六歳で亡くなった。前回、筆者が訪問した時は、脳梗塞のあと、リハビリを続けている最中だった。その後、原因がはっきりしなかたが、下半身が動かなくなり、来日後、一四年間の異国での生活を終えた。恵子は筆者が尋ねる前に、「でも、主人は私と一緒に日本にきてよかったと話していました」と語った。

多くの孤児たちが、そしてその家族たちが、祖国の選択を迫られる中で、李明和も日本永住を決意したことへの自らの運命を受け入れて亡くなった。恵子は、このことをまず筆者に伝えたかったのだろうか。

一〇年の時の流れの中で、さまざまことが起きていた。中国・英山村で恵子が姉のように慕っていた李英淑は、昨年二〇一七（平成二九）年、他界したという。筆者が英山村を訪ねた時、朝鮮語で「恵子に会いたい。会いたい」と涙ながらに語ってくれた李英淑の顔が想い浮ぶ。

恵子の三人の子どもたち、長男・次男・三男の、いわば残留孤児二世は、中国人女性と家庭を築き、日本での生活も長くなった。恵子にとって孫にあたる残留孤児三世も六人誕生、長男・宮龍太郎の長女はすでに学生生活を終え、働き始めている。恵子にとって何より気がかりだった子どもたちは、今、日本社会で生きる基盤を作り上げた。

一九九六（平成八）年、日本に永住帰国を果たして二二年になる恵子は、「カラオケは二〇年」と笑いながら話す。足は不自由だが、近くの五反田でのカラオケは、今も続いているようだ。こうしたなにげない話題の中で、筆者は恵子の表情にこれまでにない「安堵《あんど》」を感じた。

一九八四（昭和五九）年、故郷・小矢部に一時帰国してから三四年、筆者が垣間見てきた恵子の表情では、この日の恵子が、最も心の安寧を得ているように思った。恵子は自ら多くを語る人ではないが、この日の表情には苦闘と波乱の人生を生きぬいてきた現在がある。別れ際に「ありがとう」「ありがとう」をお互いにくり返した。

宮 恵子（2018・平成30年８月７日、東京にて）

宮 明子（2018・平成30年８月７日、東京にて）

雨もあがった。その日の午後、ＪＲ田端駅から明子の住む町屋都営住宅へ向かった。恵子より三歳年下、七九歳になる明子は、以前にも増して元気で活発のようである。都営住宅にあって、今はごみ当番のボランティアを三人で引き受け、連日、朝から走り回っているという。他にも介護予防の講習会としての体操教室へ出かけたり、合唱の練習会もあったりで、「昼間、家にいることはめったにないのよ」とスケジュールを書き込んだカレンダーを筆者に見せてくれた。健康にも恵まれ、地域社会に溶け込んだ明子の表情は明るい。

「私はね、中国にいる時、毎日毎日、工場で働いていたでしょう。だから身体だけは元気なのよ」と話す。

一九九八（平成一〇）年、永住帰国、今年二〇一八（平成三〇）年で、帰国二〇年になる。長女・長男も前述したように日本国籍を取得、残留孤児二世には、それぞれ明子の孫にあたる孤児三世がいる。

筆者は明子に一つの質問をしてみた。「明子さんは、幼くして中国へ渡り、孤児になって大変に苦労された。あちこちの朝鮮民族家庭で働かされ、語りつくせない苦労をされた。そして結婚、ご主人は若くして亡くなられた。でもお子さん二人を立派に育てあげ、二〇年前に日本に帰ってこられた。この長い旅路を今、振り返ってみると、どんなことを一番思い出しますか」。

この筆者の質問に対して明子は、「私は今でも、時々眠れない夜があります。思い出すんです。満州の山々を、数えきれない山々を逃げ惑い、水がなかったこと、食べ物がなく、山の実や草を食べたこと」、ここまで話した明子は、一息ついてから「一番思い出すのは、お母さんと知子（筆者注：恵子・明子の妹）のこと、幼くて歩けなかった知子を山の中において、お母さんと姉と私三人で逃げたこと、そのお母さんも途中でお産をして亡くなってしまったこと、知子とお母さんのことを思い出すと眠れなくなります」。明子はいつしか涙声になり、筆者も思わず目をそらせてしまった。「何とか知子を連れて逃げることはできなかったかと今でも思います」。

つい先ほどまで闊達に「忙しくて、忙しくて」と話してくれた明子とは思えない、もう一人の明子が筆者を直撃した。明子が居間の窓を開けた。

窓と雲

「私は毎朝、この窓を開けて空を見上げるんです。そして空に向かって声をかけます。お母さん、知子、どうしているの。元気ですか。会いたいねー」。明子の言葉に筆者は動揺した。

しばらく二人に沈黙があった。涙を拭きとった明子は続けた。「テレビはよく見ますが、沖縄とか広島とか、よく戦争の番組が入りますね。つらいですね。なんで戦争をするんですか。戦争だけはだめ」。明子とこれまで何度も話したことがあるが、このようなことを明子が話したのは初めてである。

筆者には次の質問をする余裕がなかったが、「明子さん、中国と日本、あなたにとってどちらも大事な国だと思いますが、故郷はどこですか。祖国はどちらですか」と敢えて聞いてみた。「ううん、故郷は小矢部かな、でも今は東京が故郷。祖国は、もちろん、私が生まれた日本ですよ。日本人ですから。でもね、中国にはものすごく感謝してます。私を育ててくれましたから。だめですか？中国に感謝するのは」。筆者はあわてて「いやー。中国に感謝するのは当然だと思いますよ。だめではありません」と付け足した。

明子も恵子と同じように「日本に帰ってきてよかった」と言う。「中国では、若い時に苦労の連続でした。でも若かったから何とかやってきましたよ。でも年とってから苦労するのは大変だと思います。今は年をとりましたが、おかげで苦労をせずに、楽に暮らしています」。明子の顔はいつのまにか、あの屈託のない明子の表情に戻っていた。

「祖国に帰ってきてよかった」と話してくれる恵子と明子、ふさわしい表現が見つからないが、これからも恵子・明子に幸多かれと祈らずにはおられない。

千年猛暑も、お盆を過ぎ八月下旬になってくると、さすがに秋の風を伴い始めた。涼風が稲穂を包む恵子・明子の故郷は、かつての風景を一変させている。二〇一五（平成二七）年三月、それまでの長野新幹線が、金沢まで延伸され、北陸新幹線が開業した。小矢部市松沢地区のまさにど真ん中を新幹線が突きぬけていく。

明治の頃から郷土に尽くした名家である宮家も移転を余儀なくされ、二〇一〇（平成二二）年、旧家を取り壊した。「新しい宮家が遠くなるのは、地域の象徴がなくなってしまう気がするので、なるべく近くに新築してほしい」との地域の声があったため、宮家の当主である宮英作は、旧家より一〇〇メートルほどしか離れていない地で新しい宮家を始めた。「宮家もこの地域の人たちにこれまでお世話になってきた。ですから私としてもこの地域から離れることはできない」と宮英作がしみじみと語っていたのを思い出す。瀬島龍三も生前、英作が東京で会った際に「宮家をしっかりと守ってくれよ」と話したという。

新幹線が疾走する傍らで、一九〇六（明治三九）年建立され、一〇〇年以上の風雪に耐えてきた北征弔忠の碑が、あらたな時代を見つめていた。本書の出版にあたっては、宮家の方々をはじめ、多くの方にお世話になった。いつも素敵な絵手紙を書いておられる加藤忍さんに挿絵をお願いし、頭川博さんには本書全般の校正をお願いした。そのほか、ご協力いただいた皆さんにお礼を申し上げたいと思う。

最後に本書の発行を快く引き受けていただいた能登印刷出版部と編集にあたっていただいた奥平三之さんにお礼を申し上げたい。

戦後七三年の夏に

向井嘉之

北征弔忠之碑の傍らを北陸新幹線が走る

■参考文献

1、小矢部市『小矢部市史』（下巻）一九七一
2、富山県編纂『越中史料』富山県蔵版、一九〇九
3、高井　進編『富山県女性史』桂書房、一九八八
4、高井　進編『目で見る砺波・小矢部の一〇〇年』郷土出版社、一九九三
5、『小矢部市史・おやべ風土記編』二〇〇二
6、PHP研究所『歴史街道二〇〇四』（三月号）二〇〇四
7、PHP研究所『歴史街道二〇〇五』（一一月号）二〇〇五
8、国書刊行会『ふるさとの想い出写真集　明治・大正・昭和　小矢部』一九八〇
9、小矢部市『小矢部市統計書』（平成一七年度版）二〇〇六
10、呉　万虹『中国残留日本人の研究』日本図書センター、二〇〇四
11、大久保真紀『中国残留日本人』朝日新聞社　二〇〇六
12、小林静雄『遥かなる黒龍江』有明書院　二〇〇三
13、日本民主法律家協会「特集・日本は『美しい国』か?裁かれる中国『残留孤児』政策」『法と民主主義』（一一月号）二〇〇六
14、長谷川熙「瀬島龍三氏のモスクワ密使体験」「Asahi Shimbun Weekly AERA」（八月一五日―八月二二日）朝日新聞社、一九九四

15、ワールドジャーナル社『昭和回顧録』一九八八
16、石井明ほか『日中国交正常化・日中平和友好条約締結交渉』岩波書店、二〇〇三
17、菅原幸助『「中国残留孤児」裁判』平原社、二〇〇九
18、平井美帆『中国残留孤児　七〇年の孤独』集英社インターナショナル、二〇一五
19、張嵐『「中国残留孤児」の社会学』青弓社、二〇一一

■写真提供

国書刊行会発行『ふるさとの想い出写真集　明治・大正・昭和　小矢部』一九八〇　より

宮のさ銅像と北征弔忠の碑

日露戦争凱旋奉祝門

乃木大将夫妻

埴生へ向かわれる摂政宮殿下

宮のさ刀自拝謁仰せつけられる

旧松沢村役場

宮のさ刀自の葬儀

瀬島龍三参謀ソ連より帰還

甲角フミ子　東寧地区関連（一九八五年撮影）

岩城益子　宮豊子、岩城益子関連

宮　英作　宮のさ他　宮家関連

宮　恵子　英山村、宮恵子家族

宮　明子　図們市、宮明子家族

■出版にご協力いただいた方々（五〇音順）

北日本放送株式会社
青青編集

岩峅悦郎
加藤　忍
甲角フミ子
澤崎洋子
頭川　博
田辺俊二
宮　英作
森岡斗志尚

■ 著者略歴

向井嘉之（むかい・よしゆき）

1943（昭和18）年東京生まれ。富山市在住。

同志社大学文学部英文科卒。

ジャーナリスト。イタイイタイ病を語り継ぐ会代表。とやまNPO研究会代表。元聖泉大学人間学部教授（メディア論）。日本NPO学会会員。メディア総合研究所研究員。

主著

『110万人のドキュメント』（単著、桂書房、1985年）
『第二次世界大戦　日本の記憶・世界の記憶　戦後六五年海外の新聞は今、何を伝えているか』（単著、楓工房、2010年）
『イタイイタイ病報道史』（共著、桂書房、2011年）
　　平和・協同ジャーナリスト基金賞奨励賞受賞。
『泊・横浜事件70年　端緒の地からあらためて問う』（共著、梧桐書院、2012年）
『NPOが動く　とやまが動く』（共著、桂書房、2012年）
　　日本NPO学会審査委員会特別賞受賞。
『民が起つ　米騒動研究の先覚と泊の米騒動』（共著、能登印刷出版部、2013年）
『イタイイタイ病とフクシマ　これまでの100年 これからの100年』（共著、梧桐書院、2014年）
『くらら咲く頃に ―童謡詩人 多胡羊歯 魂への旅』（単著、梧桐書院、2015年）
　　日本自費出版文化賞入選、日本図書館協会選定図書。
『米騒動とジャーナリズム　大正の米騒動から百年』（共著、梧桐書院、2016年）
　　平和・協同ジャーナリスト基金賞奨励賞受賞。
『イタイイタイ病と教育　公害教育再構築のために』（共著、能登印刷出版部、2017年）
『イタイイタイ病との闘い 原告 小松みよ』（単著、能登印刷出版部、2018年）

■ 挿絵

加藤　忍（かとう・しのぶ）

1957（昭和32）年富山県生まれ。富山県氷見市在住。

日本絵手紙協会公認講師。

二つの祖国を生きて　恵子と明子
中国残留孤児と日本の近現代

2018年11月1日　　第1刷発行

著　者　向井嘉之

発行者　能登隆市

発行所　能登印刷出版部
〒920－0855　金沢市武蔵町7－10
TEL 076－222－4595

編　集　能登印刷出版部　奥平三之

印　刷　能登印刷株式会社

落丁・乱丁本は小社にてお取り替えします。

ISBN978-4-89010-739-1